D1678711

क्रिया प्रयोग

क्रिया प्रयोग

डॉ. ब्रजमोहन

वाणी प्रकाशन

वाणी प्रकाशन
4695, 21-ए, दरियागंज, नयी दिल्ली 110 002

शाखा

अशोक राजपथ, पटना 800 004

फ़ोन : +91 11 23273167 फ़ैक्स : +91 11 23275710

www.vaniprakashan.in
vaniprakashan@gmail.com
sales@vaniprakashan.in

KRIYA PRAYOG
by Dr. Brijmohan

ISBN : 978-93-87409-68-2
Linguistics

© 2017 कृष्णमोहन

प्रथम (वाणी) संस्करण

मूल्य : ₹ 225

इस पुस्तक के किसी भी अंश को किसी भी माध्यम में प्रयोग करने के लिए प्रकाशक से लिखित अनुमति लेना अनिवार्य है।

सिटी प्रेस, दिल्ली-110 095 में मुद्रित

वाणी प्रकाशन का लोगो मक़बूल फ़िदा हुसेन की कूची से

प्रस्तावना

पर्यायों का महत्व दिन पर दिन बढ़ता जा रहा है। जब हम कोई पर्याय कोई कोश बनाने बैठते हैं, तो एक पर्याय-माला ले लेते हैं और उसके प्रत्येक शब्द का विवेचन करते हैं। पर्यायों के अर्थों के सूक्ष्मान्तर दिखाना ही पर्यायकी का काम है।

सन् 1986 में मैंने एक पुस्तक लिखी थी; शब्द चर्चा, राजकमल प्रशासन, एफ5, सेक्टर-8, नौएडा। उस में कुछ संज्ञाओं और क्रियाओं की पर्यायमालायें दी गई थीं। उक्त पुस्तक में संज्ञाओं अथवा क्रियाओं का सैद्धान्तिक पक्ष बिल्कुल नहीं था। मेरे मन में यह विचार आया कि ऐसी पुस्तक तैयार की जाये, जिसमें क्रिया-पदों की परिभाषायें, वर्गीकरण इत्यादि भी दिये जायें। यह पुस्तक ही इस दिशा में एक प्रयास है।

संगीत विद्या के तीन अंग हैं; गायन, वादन और नृत्य। इन तीन शब्दों की एक माला बन सकती है। साथ ही गायन के अन्तर्गत भी हम एक विशेष माला तैयार कर सकते हैं-गाना, अलापना और गुनगुनाना।

गाना का अर्थ कोशों में यह दिया हुआ है—

"कविता, गीत आदि के चरणों या पदों का वह क्रमिक, मोहक और सरस उच्चारण, जो सुरताल वाले नियमों के अनुसार किसी विशिष्ट लय में होता है।" यह तो रहा इसका मुख्य अर्थ। इसका व्युत्पन्न अर्थ होता है—प्रशंसा या स्तुति करना। व्यापक रूप से यदि हम किसी विषय की विस्तृत चर्चा करें, तो उसको गाथा भी गाना कहते हैं। हम कहते हैं, इतनी देर तक वह अपनी ही गाथा गाता रहा। हमारी तो उसने एक बात भी न सुनी। यों जब चिड़ियाँ मधुर स्वर में चहचहाती हैं, तो उसे भी कलरव गान कहते हैं। गाना संज्ञा रूप में भी प्रयुक्त होता है, जैसे फिल्म में 8 गाने हैं। यहाँ गाना "गीत' के लिये प्रयुक्त हुआ है।

गाना स्वयं अपने लिये भी होता है। जब कोई धीरे-धीरे और केवल अपने लिये ही कुछ गाता है, तो उसे गुनगुनाना कहते हैं। यों व्यापक रूप में भौंरों के गुंजन को भी गुनगुनाना कहा जाता है।

जब कोई शास्त्रीय पद्धति से गाता है, और लम्बा स्वर खींचता है अथवा तान लेता है, तो उसे अलापना कहते हैं।

एक मुहावरा है—अपना-अपना राग अलापना। इसका अर्थ है, सब लोगों का अपने-अपने स्वार्थ की बात करना। संगीत की कला इतनी प्रभावोत्पादक होती है कि रोते को हँसा दे, और हँसते को रूला दे। भगवान कृष्ण की बाँसुरी की बड़ी महिमा गाई गई है। कहते हैं कि उसमें इतना जादू था, कि केवल मनुष्य ही नहीं, पशु पक्षी तक मुग्ध हो जाते थे। बाँसुरी पर तो आज तक हजारों भजन लिखे और गाये गये हैं। जैसे—

(1) आज शाम मोह लीनो बाँसुरी बजाय के।

(2) जितना जादू साँवरिया में, उतना ही उनकी बाँसुरिया में।

(3) ऐसा था बाँसुरी के बजैया का बालपन,

क्या क्या कहूँ मैं कृष्ण कन्हैया का बालपन।

यों तो गाने बजाने पर सैकड़ों ही किंवदंतियाँ प्रसिद्ध हो गई हैं, किन्तु उनमें से एक बहुत प्रसिद्ध हो गई है, जिसका सम्बन्ध बैजू-बावरा से है। कहते हैं एक बार तानसेन और बैजूबावरा में भिड़न्त हो गई। तानसेन ने इतना बढ़िया गाया कि पास के जंगल से एक हिरन कुलांचे भर कर तानसेन के पास आ गया, और मुग्ध हो कर खड़ा हो गया। तानसेन ने उसके गले में फूलों का हार डाल दिया। हिरन भाग कर जंगल में लौट गया।

तब तानसेन ने बैजू बावरा से कहा क्या तुम गाना गा कर हिरन को वापस बुला कर उसके गले से हार उतार सकते हो ?" बैजू बावरा ने तुरन्त यह चुनौती स्वीकार कर ली। उस ने गाना गाया, हिरन जंगल से फिर लौट आया और बैजू-बावरा ने गले से हार निकाल कर तानसेन को पकड़ा दिया।

तब बैजू-बावरा ने भी तानसेन को एक चुनौति दी। उसने अपने सामने पत्थर रख कर एक गाना गाया। फलस्वरूप पत्थर में एक चौड़ी दरार पड़ गई। बैजू ने उस दरार में मंजीरे की एक जोड़ी रख दी। गाना बन्द होते ही दरार बन्द हो गई।

बैजू ने तानसेन से कहा कि "अब मंजीरे निकाल कर दिखाओ।" तानसेन ने भरसक प्रयत्न किया परन्तु पत्थर में दुबारा दरार नहीं पड़ी।

कहते हैं कि यदि दीपक राग को शुद्ध रूप से गाया जाय तो बूझे हुए दीपक आप से आप जल जाते हैं। साथ ही गायक के शरीर में आग की लपटें सी लगने लगती हैं। तब मल्हार राग गाने से उक्त जलन शान्त होती है।

संगीत का प्रभाव मनुष्य पर तो होती ही है, पशुओं, पक्षियों, पेड़ पौधों पर भी होता है। यदि गायों को प्रति दिन बढ़िया गाना सुनाया जाये तो वे अधिक दूध देने

लगती हैं। जो पौधे संगीत के वातावरण में रखे जाते हैं, उनकी वृद्धि अधिक होती है।

स्व० ओंकार नाथ ठाकुर अपने व्याख्यानों में बताया करते थे कि संगीत से बहुत से रोगों का इलाज हुआ करता है। यह सम्भव है कि किसी दिन वैद्यों के नुस्खे इस रूप में लिखे जाया करें।

इलाज : राग जैं जैं वन्ती—1 घंटा प्रति दिन, दो सप्ताह तक साथ में राग दरबारी—आधा घंटा प्रति दिन

परन्तु किसी का गाना आकर्षक हो, इसके लिए आवश्यक है कि उसका कण्ठ मधुर हो। कुछ लोगों की आवाज इतनी कर्णकटु होती है कि श्रोता उठ उठ कर चल देते हैं। ऐसे व्यक्तियों को महफिल-उखाड़ गायक कहते हैं।

(1) एक व्यक्ति बहुत ही प्रफुलित हो कर कह रहा था कि "अब क्या है। अब तो मेरे पौ बारह हैं।"

उसके मित्र ने पूछा कि "क्या तुम्हारे नाम कोई लाटरी निकल आई है ?"

वह बोला हाँ। लॉटरी जैसी ही समझो। मेरी पत्नी अब तक हारमोनियम बजाती थी। अब उसने बाँसुरी बजाना आरम्भ किया है।"

मित्र: तो इसमें इतना प्रफुल्लित होने की क्या बात है ?

वह तुम क्या समझोगे ? जब वह बांसुरी बजायेंगी, तो मुंह से गा तो नहीं सकेंगी।

(2) एक: कहो मित्र तुम्हारी पुत्री इतने दिन से गाना सीख रही है। उसका कुछ लाभ भी हुआ।

दूसरा: उसका लाभ तो कम हुआ, मेरा अधिक हुआ।

एक: वह कैसे ?

दूसरा : लड़की बहुत जोर जोर से गाती थी। बहुत दिन से मेरा विचार दो मकान खरीदने का था—एक मेरे मकान के दाहिनी ओर का, दूसरा बाई ओर का। अब दोनों मकान मुझे काफी सस्ते में मिल गये।

बहुत से लोग जब स्नानागार में जाते हैं तो उनके मुंह से किसी न किसी गाने का बोल निकलने लगते हैं। यह गाना शुद्ध मन बहलाव के लिये होता है। इसमें साधारणत: ताल, सुर और लय का ध्यान नहीं रखा जाता इसी को गुनगुनाना कहते हैं।

जब पक्के गवैये गाने बैठते हैं तो सुर, लय ताल आदि का विशेष ध्यान रखते हैं। गाना आरम्भ करने से पहले वह तत्सम्बन्धी राग का रूप स्पष्ट करने के लिये इस राग के स्वरों का विस्तार करते हैं। इसे आलाप कहते हैं।

ताने बोल ताने, बोल अलाप भीड़ इत्यादि यह सभी गाने के अलंकार माने जाते हैं जिन से गायन को सजाया जाता है। गायक कभी कभी घंटों एक ही पंक्ति को बार बार दुहराते हैं। पर हर बार उसे अलग अलग ढंग से गाते हैं। पर राग वही रहता है। श्रोता मंत्रमुग्ध हो जाते हैं। स्वर्गीय फय्याज खाँ का गायन स्वर्गीय कहलाता था विशेषकर उनकी यह पंक्ति बहुत प्रसिद्ध हो गई थी

"लट उलझी सुलझा जा रे बालम"

गुनगुनाने का सम्बन्ध मनोरंजन से है, अलापने का गान विद्या से।

❑

विषय-सूची

क्रिया

क्रिया मालाएँ

अध्याय-1

क्रिया की परिभाषा

ईश्वर ने मनुष्य को पाँच कर्मेंद्रिन्याँ दी हैं। मनुष्य सदैव इन से कोई न कोई काम लेता ही रहता है। इस काम का ही नाम "क्रिया" है। चलना, फिरना, सोना, जागना, सूँघना—ये सब क्रियाएँ हैं।

राम दौड़ता है। कुत्ता रोटी ले भागा। वह कलकत्ते जायेगा। लड़की हँस रही है। बच्चा रोता चला गया।

ये सब क्रियाओं के ही उदाहरण हैं। मनुष्य जब तक जागता रहता है, कोई न कोई ऐच्छिक कार्य या व्यापार करता रहता है। "व्यापार" का मौलिक अर्थ है "वह कार्य जिसमें कोई प्राणी संलग्न हो।" गाय घास खाती है। यह उसका व्यापार है।

यह तो रहे ऐच्छिक क्रिया-कलाप। इनके अतिरिक्त अनैच्छिक क्रिया-कलाप भी होते हैं। जम्हाई लेना, छींकना, रोना बहुत कुछ अनैच्छिक ही होते हैं, किन्तु ये भी क्रियाएँ ही हैं क्योंकि इनमें क्रियाओं के सारे लक्षण विद्यमान हैं: आरम्भ, गति, अन्त। मनुष्य सोते, जागते, बैठते क्रियाएँ तो करता ही रहता है।

भगवान कृष्ण ने गीता के तीसरे अध्याय में कहा है :

नहि कश्चित्क्षणमपि जातु तिष्ठत्य कर्म कृत।
कार्य ते वशः कर्म सर्वः प्रकृति जैर्गुणे ।।

अर्थात, सर्वथा कर्मों का त्याग हो भी नहीं सकता, क्योंकि कोई भी पुरुष किसी काल में क्षणमात्र भी बिना कर्म किये नहीं रहता। निःसन्देह सभी पुरुष प्रकृति से उत्पन्न हुए गुणों द्वारा परवश हुए कर्म करते हैं।

यहाँ "कर्म" का अर्थ "व्याकरणिक कर्म" नहीं है, वरन कोई भी, काम, व्यापार अथवा क्रिया-कलाप। मनुष्य जब सोता रहता है, तब प्रत्यक्ष रूप से तो कोई काम नहीं करता, किन्तु उसका सांस तो चलता ही रहता है। साँस लेना भी तो क्रिया ही है।

आगे चलकर 22वें श्लोक में भगवान कृष्ण कहते हैं :

नमे पार्थास्ति कर्त्तव्य त्रिषु लोकेषु किंचन।
नामवारतम वाप्तव्यं वर्त एव च कर्मणि ॥

अर्थात, यद्यपि मुझे तीनों लोकों में कुछ भी कर्तव्य नहीं है तथा किंचित भी प्राप्त होने योग्य वस्तु अप्राप्त नहीं है, तो भी मैं कर्म में ही बर्तता हूँ।

सार्वत्रिक गुरुत्वाकर्षण एक विलक्षण बल है। सारे विश्व में प्रत्येक वस्तु एक दूसरे को एक विशिष्ट नियम के अनुसार अपनी ओर खींचती है। जब किसी पेड़ से पक्का फल टूटता है, तो पृथ्वी की ओर ही आता है। आकाश की ओर उड़ कर नहीं जाता। पृथ्वी सदैव उसे अपनी ओर खींचती रहती है। पेड़ की डाली जब तक रोक सकती है, रोके रहती है। जब फल पक कर भारी हो जाता है या डाली किसी कारण कमजोर पड़ जाती है तब पृथ्वी का गुरुत्व डाली की पकड़ पर हावी हो जाता है और उसे अपनी ओर खींच लेता है। और यह गुरुत्व बल इतना विचित्र है कि किसी बाधा को स्वीकार नहीं करता। यदि पेड़ के नीचे कोई मेज रखी हो तो फल डाली से टूट कर मेज पर ही आन पड़ेगा क्योंकि पृथ्वी का गुरुत्व बल मेज में संचरित हो जाता है। यदि हम रेल में रहे हों तो रेल के फर्श में भी वही गुरुत्व बल आ जायेगा जो पृथ्वी में है। जो वस्तु भी पृथ्वी के सम्पर्क में आएगी, गुरुत्व बल उसी में व्याप्त हो जाएगा। कमरे के फर्श में, छत पर, कुतुबमीनार की चोटी में भी वही बल व्याप्त रहेगा।

हम हवा में एक कंकड़ फेंकते हैं। जब तक उसमें ऊर्जा रहेगी, वह हवा में उड़ता रहेगा। तत्पश्चात् पृथ्वी पर लौट आएगा। वह कितनी देर तक वायु में उड़ता रहेगा और कितने ऊँचे जायेगा, यह फेंकने वाले के हाथ की शक्ति पर निर्भर है।

एक लोटे में पानी भर लीजिए और उसके मुँह में रस्सी बाँध दीजिए। फिर रस्सी का सिरा हाथ में लेकर उसे घुमाइये। यदि आप काफी जोर से रस्सी को ऊपर-नीचे की दिशा में घुमाते जाएँ, पानी लोटे से गिरने नहीं पाएगा।

ऐसा नहीं है कि कंकड़ और पानी के लोटे पर गुरुत्व बल काम नहीं करता। वह तो बराबर क्रियाशील रहता है किन्तु हम उसे कृत्रिम शक्ति देकर गुरुत्व को काम नहीं करने देते।

जब वायुयान उड़ता है, देखने में उसका सम्पर्क पृथ्वी से टूट जाता है, परन्तु गुरूत्व उस पर बराबर कार्य करता रहता है। किन्तु जिस प्रकार पानी के लोटे को हमारी रस्सी अपनी ओर खींचे रहती है, उसी प्रकार वायुयान गुरूत्व बल की

अदृश्य रस्सी से बंधा रहता है, परन्तु हमने मशीनों द्वारा उसे ऐसा बल प्रदान कर दिया है कि उसे गिरने नहीं देता।

हम संसार के किसी कोने में चले जाएँ, गुरूत्वाकर्षण से छुटकारा नहीं पा सकते। विज्ञान हमें बताता है कि पृथ्वी और चन्द्रमा के बीच में लगभग 4600 किलोमीटर की दूरी पर एक ऐसा बिन्दु आता है जिस पर पृथ्वी और चन्द्रमा के गुरूत्वबल बराबर हो जाते हैं। यदि कोई वस्तु उस बिन्दु पर पहुंच जाये तो वह गतिहीन हो जायेगी। अर्थात स्थिर हो जायेगा। यदि उक्त स्थान से जरा सी भी नीचे रहेगी तो पृथ्वी पर आ गिरेगी। और यदि जरा सा भी पार जायेगी तो चन्द्रमा में गिर पड़ेगी।

इसी प्रकार का 'बल' है कर्म बन्धन। हम संसार के किसी भी कोने में चले जायें कर्मो से छुटकारा नहीं मिल सकता। यदि हम सो भी रहे हों, तो भी सांस तो लेना ही पड़ेगा। प्रत्येक कर्म में कोई न कोई क्रिया होना अनिवार्य है। विश्व की कोई भी वस्तु पूर्ण रूप से निष्क्रिय नहीं है। जो कोई वस्तु प्रत्यक्ष रूप से निष्क्रिय होती है, वह भी सर्वथा गतिहीन नहीं होती। मान लीजिए हम रेल में बैठे जा रहे हैं। एक व्यक्ति पृथ्वी पर खड़ा है। हमारे विचार से वह स्थिर है और हम गतिशील हैं। इसका केवल यह अर्थ हुआ कि उस व्यक्ति के सापेक्ष हम गतिमान हैं और हमारे सापेक्ष वह स्थिर है। यों समझिये कि पृथ्वी के सापेक्ष रेल गतिमान है।

एक जहाज समुद्र में जा रहा है। उसके डेक पर एक चौघड़िया [पहियेदार सीढ़ी) रखी हुई है। सीढ़ी पर एक खलासी चढ़ रहा है। एक दूसरा कर्मचारी चौघड़िया को मस्तूल की ओर ले जा रहा है। खलासी के शरीर में कई प्रकार की गति हो रही है।

(i) सीढ़ी के डंडों पर चढ़ने की गति ऊपर की ओर।

(ii) चौघड़िया की गति के साथ खलासी भी मस्तूल की ओर जा रहा है—उक्त गति

(iii) स्वयं जहाज की गति

(iv) समुद्र की लहरों की गति-उक्त गति के साथ साथ जहाज चौघड़िया और खलासी को लिये दिये एक ओर को खिसक रहा है।

(v) पृथ्वी की अपने अक्ष के चारों ओर घूर्णन गति।

(vi) पृथ्वी की सूरज के चारों ओर परिक्रमण गति।

(vii) विज्ञान हमें बताता है कि हमारा सौर मंडल सूरज, पृथ्वी, ग्रहों आदि को लिये दिये बड़े वेग से एक ओर को दौड़ा जा रहा है।

क्रिया का अपना कोई रूप नहीं होता। परन्तु उसका प्रभाव नाना रूपों में दिखाई पड़ता है। हवा हमें दिखाई नहीं देती किन्तु जब तेज चलती है तब पेड़ों के पत्ते हिलते हुए दिखाई पड़ते हैं। ऊपर हमने बड़े बड़े गतिमान कायों (bodies) के उदाहरण दिये हैं। किन्तु क्रिया छोटे से पदार्थों में भी हो सकती है। लड़के एक लट्टू में डोरी लपेट कर उसे घुमाते हैं। आरंभ में तो लट्टू घूमता हुआ दिखाई देता है। परन्तु जब उसकी परिभ्रमण गति बहुत तेज हो जाती है, तब उसमें कोई गति परिलक्षित नहीं होती, वह स्थिर सा दिखाई पड़ता है। बोल-चाल की भाषा में हम कहते हैं कि 'लट्टू सो गया है।'

राम लीला के दिनों में आतिशबाजियाँ छोड़ी जाती हैं जिनमें से एक नाम 'चरखी' होता है। यों तो उसके कई भाग होते हैं। किन्तु जब वह घूमती है तो उसका कोई भी भाग दिखाई नहीं पड़ता। चरखी एक चमकते हुए सितारे का रूप धारण कर लेती है।

परमाणु की संरचना में एक नाभि होती है। नाभि के केन्द्र पर दो प्रकार के कण होते हैं प्रोटॉन और न्यूट्रॉन। परिधि पर एक अन्य प्रकार के कण होते हैं जिन्हें इलेक्ट्रान कहते हैं। वैज्ञानिकों का अनुमान है कि वे नाभि के चारों ओर कल्पनातीत वेग से चक्कर काटते हैं। उनका वेग इतना तीव्र होता है कि सब से शक्तिशाली सूक्ष्मदर्शी से भी ठीक ठीक पता नहीं चल पाता।

चलना, फिरना, उठना, बैठना, खाना, पीना, नाचना, कूदना ये सब सामान्य क्रियाएँ हैं। वास्तव में ये सब तो केवल शब्द हैं। जिन कामों अथवा व्यापारों का ये प्रतिनिधित्व करते हैं, वे क्रियाएँ हैं। ये शब्द तो 'क्रिया पद' कहलाते हैं किन्तु सुविधानुसार व्याकरणिक भाषा में इन शब्दों को भी 'क्रियाएँ कहते हैं।

उपरिलिखित क्रियाएँ तो सामान्य हैं। कुछ विशिष्ट क्रियाएँ ऐसी होती हैं जिनमें थोड़ी बहुत प्रवीणता प्राप्त करनी होती है। जब हम कोई ताला खोलना चाहते हैं तो ताले में कोई विशिष्ट ताली डाल कर एक निर्दिष्ट दिशा में घूमाना पड़ता है। जल हम कोई तरकारी पकाते हैं तो पहले उसे काट कर टुकड़े करते हैं। फिर उसमें विशिष्ट मात्रा में निर्दिष्ट मसाले डालते हैं। फिर निर्दिष्ट समय तक उसे आग पर रखते हैं। तभी तरकारी तैयार होती है। ऐसी क्रियाओं में थोड़ा बहुत प्रशिक्षण भी प्राप्त करना होता है। इसीलिए इन को 'प्रक्रियाएँ' कहते हैं। कुछ प्रक्रियाओं में तो वर्षों का प्रशिक्षण आवश्यक होता है जैसे इंजन चालक का काम, कार की मरम्मत का काम, इंजीनियरी आदि। ये सब तकनीकी विज्ञान कहलाते हैं। जब किसी के घर में कोई शुभ कार्य होता है जैसे मुंडन, जनेऊ, देवकाज

आदि तो सदैव कुछ पूजा होती है, छोटा-मोटा हवन होता है, बाल कटाए जाते हैं,···ये सब क्रियाएँ हैं।

जब किसी के घर में कोई मौत होती है, मुर्दे को नहलाया जाता है, अर्थी बाँधी जाती है, शव को जलाया जाता है। फिर कई दिन तक ऐसे कार्य-कलाप होते हैं जैसे गंगा स्नान, पिंड दान, ब्राह्मण-भोज। ये सब मिलाकर "अन्त्येष्टि-क्रिया" कहलाते हैं जिनका समाधान तेरहवें या चौदहवें दिन होता है जिसमें मुख्य रूप से दान किया जाता है। उक्त समापन कार्य का तकनीकी नाम "क्रिया" पड़ गया है। "क्रिया के और सारे अर्थ गौण पड़ते जा रहे हैं, यही अर्थ उक्त शब्द से विशेष रूप से जुड़ गया है।

जब मुर्दा जलाया जाता है, तब शरीर के और सब अवयव तो जल्दी जल जाते हैं, सिर सब से सख्त अंग होता है जिसमें अधिक देर लगती है। तब एक बाँस से उसे पीट-पीट कर बार-बार आग में डालकर जलाया जाता है। उक्त क्रिया को "कप्पाल क्रिया" कहते हैं। अब "कप्पाल क्रिया' एक मुहावरा बन गया है जिसका अर्थ है 'सिर पर करारी चोट करना।'

चन्द्रधर शर्मा गुलेरी ने अपनी प्रसिद्ध कहानी "उसने कहा था" मैं लिखा है। "······दो फायरों ने साहब की कपाल-क्रिया कर दी।" यहाँ इस वाक्य का अर्थ केवल इतना है कि "साहब को सिर पर दो गोली मार कर भून दिया।'

अभी तक हमने केवल भौतिक अथवा शारीरिक क्रियाओं का ही उल्लेख किया है। कुछ क्रियाएँ मानसिक भी होती हैं। जब कोई लड़का स्कूल में गणित पढ़ना आरंभ करता है, सबसे पहले उसे अंकगणित की मूलभूत क्रियाएँ जोड़ना, घटाना, गुणा करना, भाग देना सिखाई जाती हैं। छोटा-मोटा गुणा, भाग तो हम मन में ही कर लेते हैं। यहाँ तक तो ये क्रियाएँ मानसिक हैं। परन्तु जब हम कागज पेंसिल लेकर इनको लिखित रूप देने लगते हैं, तब यही क्रियाएँ भौतिक हो जाती हैं। याद करना, सोचना, मन में रटना, चुपचाप पढ़ना—ये सब मानसिक क्रियाएँ हैं—कम-से-कम प्रमुख रूप से मानसिक क्रियाएँ हैं। परन्तु जब हम बोल-बोल कर पढ़ते हैं, या लिखते हैं तब यही क्रियाएँ भौतिक हो जाती हैं।

इससे आगे बढ़कर एक क्रिया आती है "विचार पठन" (Thought reading) कुछ लोग एक दूसरे से हजारों किलोमीटर की दूरी पर बैठे हों परन्तु एक दूसरे के मन की बात जान लेते हैं। एक व्यक्ति मरने वाला है। वह अपने एक बहुत ही प्रिय को संदेसा देना चाहता है। उक्त व्यक्ति को बिना किसी प्रयत्न के संदेसा मिल जाता

है। इस प्रक्रिया को दूरबोध (Telepathy) कहते हैं और यदि वह अपने मित्र को दर्शन देना चाहता है तो ठीक मरने के समय उसके मित्र को उसके दर्शन भी हो जाते हैं। उक्त घटना को दूर दर्शन (Television) कहते हैं। इस सम्बन्ध में हमारी यह पुस्तक पठनीय है :

भटकती आत्माएँ

हिन्दी प्रचारक संस्थान,

पी० बी० न० 106, पिशाच मोचन, वाराणसी (1981)

उक्त पुस्तक में हमने इस प्रकार की बीसियों सच्ची घटनाओं का उल्लेख किया है।

सुनते हैं कि प्राचीन समय में बहुत से ऋषि एक दूसरे से सैकड़ों किलोमीटर पर बैठे-बैठे बात कर लिया करते थे। इस सन्दर्भ में उर्दू का एक शेर उल्लेख्य है :

नजर मिली भी न थी और उनको देख लिया।
जुबाँ खुली भी न थी और बात भी कर ली॥

धृतराष्ट्र प्रज्ञाचक्षु थे। अतः महाभारत की गतिविधि स्वयं देख नहीं सकते थे। उन्हें सारा हाल संजय सुनाता जाता था। जब वह कहता था कि "इस समय अर्जुन संसप्तकों से लड़ रहा है, "तो वे दूरदर्शन का प्रयोग कर रहा था, किन्तु जब वह कहता था कि "युधिष्ठिर यह सोच रहा है, "तब विचार पठन की प्रक्रिया से काम लेता था। आधुनिक विज्ञान अभी तक उक्त प्रक्रिया तक नहीं पहुंच पाया है।

लगभग 70 वर्ष पहले की बात है। एक व्यक्ति ने हमें रामायण की कथा सुनाई थी। सीता हरण के प्रसंग में उन्होंने कहा था कि "रावण सीता को आकाश मार्ग से ले गया।" हम लोगों को विश्वास नहीं हुआ। हमने सोचा कि कोई आकाश में किसी वाहन को कैसे ले जाएगा। आज हम अपनी आँखों से देख रहे हैं कि सैकड़ों क्विटल का वायुयान चील की भाँति आकाश में उड़ जाता है। अतः आज "आकाश मार्ग" की कल्पना असम्भव तो नहीं रह गई है।

किन्तु जितने भी वाहन हमारा विज्ञान आज तक बना पाया है, सब यांत्रिक शक्ति से ही चलते हैं। किंवदन्ती है कि प्राचीन समय में कुछ वाहन ईच्छा शक्ति से चला करते थे और जिस "रथ" पर रावण सीता को ले गया था, वह भी इसी प्रकार का था। हम नहीं कह सकते कि इस किंवदन्ती में सत्य का अंश कितना है,

किन्तु हमें यह बात असम्भव तो दिखाई नहीं देती। आज भी ऐसे व्यक्ति गिने चुने ही सही-विद्यमान हैं जो केवल इच्छा शक्ति से कुछ वस्तुओं को गति प्रदान कर देते हैं, कुर्सी पर बैठे हुए व्यक्ति को कुछ दूर ऊपर हवा में टाँग देते हैं, कुछ वस्तुएँ शून्य में से उत्पन्न कर देते हैं। हम यह मानते हैं कि ऐसे दृष्टांतों में बहुत से धोके-धड़ी के होते हैं। किन्तु यदि एक प्रतिशत भी सच्चे हों तो विज्ञान के पास उनका क्या उत्तर है।

हम देखते हैं कि संसार में हमारे चारो ओर कर्मों और क्रियाओं का साम्राज्य है। यदि मनुष्य थोड़ी देर के लिये भौतिक क्रियाएँ छोड़ भी दे तो मानसिक क्रियाएँ तो करनी ही होंगी। यदि मानसिक क्रियाएँ भी न कर पाये तो मनुष्य पागल हो जाये। इसीलिए भगवान कृष्ण कहते हैं कि "सदैव कर्म करता रह।" शून्य मस्तिष्क में शैतान का बास होता है। उर्दू का एक शेर है :

खाली न बैठ, कुछ किया कर।
कपड़े उधेड़ कर सिया कर॥

यही सब सोच कर कानून के निर्माताओं ने "एकान्त कारावास" के बड़े-बड़े नियम बनाए हैं। किसी को भी तीन महीने से अधिक का एकान्त कारावास नहीं दिया जाता और वह भी कई टुकड़ों में। एक किश्त में किसी को भी एक या दो सप्ताह से अधिक एकान्त कारावास में नहीं रखा जाता। और बीच-बीच में बन्दी की चिकित्सकीय जाँच भी कराई जाती है—यह देखने के लिए कि उसका शरार और मस्तिष्क ठीक दशा में है या नहीं।

क्रिया की पुरानी परिभाषा यह थी कि "जिस पद से किसी काम का करना या होना द्योतित होता है, उसे क्रिया कहते हैं।"

बच्ची खेल रही है, शिक्षक पढ़ाता है, वह दौड़ेगा, उस ने सोचा।

इन चारों कथनों में किसी न किसी काम का करना पाया जाता है।

पानी बरस रहा है, मटका फूट जायगा, पिछली होली यहीं बीती थी। लड़के ने पाठ याद कर लिया।

इन चारों कथनों में किसी बात का होना पाया जाता है। ये सब क्रियाओं के उदाहरण हैं। पहले वाक्य में खेल रही है, चौथे में सोचा, पाँचवें में "फूट जायेगा", छठे में "बीती थी" क्रिया पद है।

किन्तु अब क्रिया का अर्थ व्यापक हो गया है। "मैदान में पेड़ खड़ा है, बच्चे के सिर में चोट आई है, राणा प्रताप महान योद्धा थे।"

इन वाक्यों की क्रियाओं में किसी काम का करना या होना नहीं पाया जाता, बरन हम किसी वस्तु की स्थिति बतला रहे हैं, अथवा किसी घटना का उल्लेख कर रहे हैं, अथवा किसी बात की सूचना दे रहे हैं। जिस पर भी व्याकरणिक दृष्टि हो हम उन्हें भी क्रियाएँ ही मानते हैं। अतः हमें क्रिया कि परिभाषा इस प्रकार करनी होगी :

"जिस शब्द के द्वारा किसी व्यक्ति, वस्तु, घटना अथवा स्थिति के विषय में कोई बात कही जाये, उसे क्रिया कहते हैं।"

□

अध्याय-2

वाक्य की परिभाषा

एक छोटा सा वाक्य लीजिए : लोमड़ी दौड़ी। इसके दो भाग हैं : लोमड़ी और दौड़ी। स्पष्ट है कि "दौड़ी" एक क्रिया है। इस क्रिया को करने वाली है लोमड़ी। अत: लोमड़ी को कर्ता कहेंगे।

'कर्ता" का अर्थ है (काम) करने वाला। "प्रत्येक गृहस्थी में सामान्यत: एक मुड्ड होता है जो घर के विविध कार्य करता है। बाजार से सौदा लाना, आवश्यकतानुसार बच्चों को स्कूल में प्रवेश दिलाना, कोई रोगी हो तो वैद्य को बुलाना और दवाई की व्यवस्था करना······उक्त व्यक्ति को घर का "कर्ता" कहते हैं। यह नाम बड़ा सार्थक है क्योंकि वही तो घर का कर्ता-धरता है। इसी के सादृश्य पर वाक्य के दो भाग किये जाते थे : कर्ता और कार्य।

अधिकतर वाक्यों में तो आसानी से पता चल जाता है कि कर्ता कौन है और कार्य क्या है। उदाहरण :

लड़की पानी पी रही है। शेर ने बकरी को दबोच लिया। पुलिस चोर को छोड़ेगी नहीं

पहले वाक्य में "लड़की" कर्ता है और "पानी पी रही है" कार्य है। परन्तु कुछ वाक्यों में यह कहना कठिन होता है कि "कर्ता" किसे कहें और कार्य किसे, जैसे :

खेत के बीचो बीच में बबूल का पेड़ खड़ा है। आलू 2 रुपये किलो है। यह बाँस 3 मीटर लम्बा है।

इन वाक्यों में कोई "कार्य" हो ही नहीं रहा है, फिर "कर्ता" किसे कहें।

एक कथन और लीजिए : मुझे चटनी पसन्द है। क्या इस वाक्य में "मैं" को कर्ता कह सकते हैं ? मान लीजिए हम कहते हैं कि "पसन्द करने वाला तो मैं ही हूँ, अत: "मैं" कर्ता हुआ। तो भी इस कथन में क्या कहेंगे ?

"चटनी बड़ी स्वादिष्ट है।" इसी प्रकार "मेज पर पुस्तक पड़ी है"—इस कथन में "कर्ता" किसे कहेंगे ?

वाक्य की अनेक परिभाषाएँ दी गई हैं :

(i) भाषा की ऐसी इकाई को "वाक्य" कहते हैं जिसके द्वारा कोई बात कही गई हो।

(ii) ऐसा पद-समूह जो किसी पूर्ण विचार को व्यक्त करे, वाक्य कहलाता है।

(iii) वक्ता के कथन का पूरा-पूरा आशय प्रकट करने वाले सार्थक शब्द-समूह के मेल को वाक्य कहते हैं।

(iv) कथन की किसी सार्थक, पूर्ण, स्वतन्त्र इकाई को वाक्य कहते हैं।

यों तो कोई भी परिभाषा पूर्ण सन्तोषजक नहीं हो सकती, फिर भी परिभाषा (iv) को अब बहुत से व्याकरण मानने लगे हैं। अगला प्रश्न है : वाक्य के कौन-कौन से अवयव होते हैं ? उपरिलिखित से स्पष्ट है कि वाक्य का "कर्ता-कार्य" विभाजन तो बहुत ही लचर है। 'अब अधिकतर व्याकरण वाक्य का विभाजन "उद्देश्य" और "विधेय" के रूप में करते हैं। वाक्य में किसी व्यक्ति, वस्तु अथवा बात के विषय में कोई बात कही जाती है, अथवा विधान किया जाता है। उक्त व्यक्ति, वस्तु अथवा बात को "उद्देश्य" कहते हैं। और जो बात कही जाती है, उसे "विधेय कहते हैं :

छुट्टियाँ बीत गई—इस वाक्य में "छुट्टियाँ" उद्देश्य है और "बीत गई" विधेय है।

उद्देश्य सामान्यतः संज्ञा या सर्वनाम होता है और विधेय में कम से कम एक क्रिया अवश्य होती है। इनके अतिरिक्त किसी वाक्य में अन्य शब्द-भेद भी हो सकते हैं जो कर्म, कर्म-विस्तार, क्रिया-विस्तार, उद्देश्य-विस्तार कहलाते हैं :

सवेरे की डाक गाड़ी बड़े वेग से पुल पर जा रही है।

इस वाक्य के अवयव इस प्रकार है :

डाक गाड़ी—उद्देश्य

सवेरे की—उद्देश्य-विस्तार

जा रही है—क्रिया

बड़े वेग से—क्रिया विस्तार

पुल पर—कर्म

बड़े वेग से पुल पर जा रही है—विधेय

एक वाक्य और लीजिये : मजदूरों की टोली नीम के पेड़ को काट रही है।

इस वाक्य में : टोली-उद्देश्य

मजदूरों की—उद्देश्य-विस्तार

काट रही है—क्रिया

पेड़ को—कर्म

नीम के—कर्म-विस्तार

नीम के पेड़ को काट रही है—विधेय

वाक्य का कोई निश्चित परिमाण नहीं हुआ करता। वह एक शब्द का भी हो सकता है और कई पन्ने का भी। ये एक-शब्दी वाक्य है :

आ, जा, खा, ले, उठो, बैठो, चलो, फिरो

यह द्विशब्दी वाक्य हैं :

चले आओ, वह गया, आने दो, भंडा फूटा।

"कादम्बरी" में एक-एक वाक्य कई-कई पन्ने तक चलता है।

अब तनिक इस वार्तालाप पर ध्यान दीजिये :

माँ जी

कहो, बहू रानी

आज काहे की दाल बनेगी

अरहर की।

क्या चावल भी बनाना है।

नहीं।

ये छह कथन हैं, किन्तु ये सब के सब वाक्य कहलाने योग्य नहीं है। केवल दूसरे, तीसरे और पाँचवें है। पहला तो केवल संबोधन है। चौथे वाक्य में कोई विधेय नहीं है। किन्तु उसका पूर्ण रूप यह होगा : अरहर की दाल बनेगी। अब इस में विधेय स्पष्ट हो गया। छटे वाक्य का यह रूप होगा : नहीं, चावल नहीं बनाना है। अब इसमें उद्देश्य और विधेय दोनों स्पष्ट हो गये।

जिस कथन में उद्देश्य और विधेय हों ही नहीं—न स्पष्ट रूप में, न प्रच्छन्न रूप में, उसे औपचारिक वाक्य नहीं माना जाता। उपरिलिखित पहला कथन ऐसा ही है। अधिकतर गालियाँ ऐसे ही अनौपचारिक कथन होती हैं, जैसे :

ओ, औंधी खोपड़ी।

ओ, अन्धे की औलाद।

बहुत सी कहावतें भी अनौपचारिक कथनों के रूप में होती हैं यद्यपि उन्हें ब्दश जोड़ कर औपचारिक वाक्य का रूप दिया जा सकता है, जैसे :

नाच न जानूँ, आँगन टेढ़ा।

नाना के घर नन्साल की बातें।

सामान्यतः व्याकरण की पुस्तकों में औपचारिक वाक्यों पर ही विचार किया जाता है।

□

अध्याय-3

वाक्य के अपेक्षित गुण

वाक्य में क्या गुण होने चाहियें, इस विषय में वैयाकरण एकमत नहीं हैं। किन्तु अधिकतर वैयाकरण यह मानते हैं कि वाक्य के अत्यावश्यक गुण ये हैं :

सार्थकता, शक्यता, पूर्णता, पदक्रम, अन्वय

अब हम इन गुणों पर विस्तारपूर्वक विचार करेंगे।

(1) सार्थकता—वाक्य का कुछ न कुछ अर्थ होना चाहिये। पागल जो दिन भर प्रलाप किया करते हैं, उनका कोई अर्थ नहीं हुआ करता। किन्तु यहाँ तात्पर्य उस प्रकार के प्रलाप से नहीं है। हमारा मतलब यह है कि कोई वाक्य केवल शब्द समूह नहीं होता। उसमें शब्द-क्रम होता है, संगति होती है, तारतम्य होता है। मान लीजिए कोई कहता है :

गिलहरी चील ली पकड़ ने

तो इसका कोई अर्थ न निकलेगा। और यदि कहे कि

ने ली गिलहरी पकड़ चील,

तो यह कथन भी निरर्थक ही रहेगा। किन्तु यदि कहें कि

चील ने गिलहरी पकड़ ली,

तो मतलब बिल्कुल स्पष्ट हो जायेगा।

वाक्य ऐसा होना चाहिये कि पढ़ते ही पाठक की समझ में आ जाये कि लेखक क्या कहना चाहता है। कुछ लेखक ऐसे वाक्य लिखते हैं कि पाठक को उनके पढ़ते ही उनमें खटक दिखाई देती है। ऐसे वाक्यों में या तो कोई व्याकरणिक गलती होती है या किसी अनुपयुक्त शब्द का प्रयोग होता है। हम यहाँ कुछ उदाहरण देते हैं :

(1) हिन्दी की यह बड़ी प्रसिद्ध विभक्ति है जिससे अहिन्दी भाषी बड़े-बड़े विद्वानों ने भी परेशानी प्रकट की है

—किशोरी दास वाजपेयी : हिन्दी व्याकरण पृष्ठ-6

(2) अगर खुदा मुझ से अभी तक नाराज है, अभी तक नापाक हूँ तभी ऐसा होगा कि मेरी वजह से किसी से बेजा काम हो सके

—जैनेन्द्र की कहानियाँ छठा भाग

(3) पहले तो कहीं जाओ ही क्यों, और अगर चल ही पड़े और पहुंच ही गये तो फिर वहाँ से आ जाना क्यों जरूरी हो जाना चाहिए। —जैनेन्द्र (इक्के में)

(4) तो उन दिल्ली वालों से मैं अनयास ही बड़ा हो जाता हूँ

(5) वह इन बातों को अच्छा नहीं जानता था, पर स्त्री को बड़ा प्यार करता था
—जैनेन्द्र (पानवाला)

(6) क्या अ पने को तुझे सौंप कर तुझसे नहीं प्रार्थना की।
—जैनेन्द्र की कहानियाँ छठा भाग : साधु का हठ

(7) जो शान्ति फकीर के आने या चाहने पर टूट जाए, वह मजबूत काफी नहीं हुई, इसलिये उसकी कितनी कीमत हो सकती है।

(8) विचारों की लड़ाई में वही सफल होता है जिसकी दृष्टि जीवन की गहराई में पकड़ती है। —महादेवा वर्मा : सम्भाषण (49)

जटिल वाक्य

कुछ लेखक ऐसे बोझिल वाक्य लिखते हैं जिनका अर्थ समझना कठिन होता है। उनकी अस्पष्टता या तो दुरुह शब्दों के कारण होती है या उलझी हुई संरचना के कारण। ऐसा स्थिति अधिकतर लम्बे-लम्बे वाक्यों में आती है। लेखकों को चाहिये कि यथासाध्य छोटे-छोटे वाक्य लिखा करें। भारी भरकम वाक्यों में पाठक इस प्रकार फँ स जाता है मानो जंगल में मार्ग भूल गया हो। हम यहाँ ऐसे जटिल वाक्यों के कुछ उदाहरण देते हैं। हम यह मानते हैं कि अटपटे, बोझिल और जटिल वाक्यों की विभेदक रेखाएँ बहुत क्षीण हैं। बहुत से वाक्य ऐसे होते हैं जो इन में से एक से अधिक वर्गों में रखे जा सकते हैं।

(क) लेकिन क्रोधोन्मत्त का न्याय क्रोध शून्य के लिए, सदा जबरदस्त और स्पष्ट अन्याय ही है। मूर्छाग्रस्त और प्रमत्त व्यक्ति के लिये, इसलिये दया और क्षमा ही प्रकृत न्याय है।
—जैनेन्द्र की कहानियाँ छठा भाग : साधु का हठ

(ख) तुम्हें देख कर वह अपने बस में न रहे और कुछ कर बैठे, तो इससे तुम्हें क्या फायदा होगा, और उन पर पाप चढ़ेगा। —वही

(ग) और इसी तरह कुँवर राज कुमारी को प्यार करता होगा, और कुण्ड के किनारे मिलने आता होगा, और उसी की बातें पलासों ने सुन रखी हैं और हवा को सुनाते हैं।

अक्षेय : ये तेरे प्रति रूप

(घ) इस "ा" और "ो" का भेद एक के खड़ी रहने और दूसरी का लचीला या मधुर होने में बहुत कुछ कारण है

—किशोरी दास वाजपेयी : बृज भाषा का व्याकरण (96)

(ङ) वह मेरे न जाने की कल्पना से इतनी प्रसन्न नहीं होती जितनी अपनी साथ न जा सकने की सम्भावना से अपमानित

—महादेवी वर्मा : स्मृति की रेखाएँ (15)

(च) वहाँ कोई छोटा से छोटा काम करने वाला भी इतना अभागा नहीं होता कि बड़े काम करने वालों से ऐसा पारिवारिक सम्बोधन न पा सके ।—वही (102)

(छ) माध्यमिक शिक्षा की स्थति भी इस से भिन्न नहीं, अनिश्चित उसकी भी रूप रेखा को अस्पष्ट बनाए हुए है ।—(46)

(ज) ब्रज भाषा, बुन्देली, कन्नौजी आदि में भी बहुत कुछ इसी प्रकार की अमानकताएँ मिलती हैं । कुछ बोली विशेष की मानकताएँ भी होती हैं—भोला नाथ तिवारी : मानक हिन्दी का स्वरुप (112)

(झ) रामानन्द का शिष्यत्व उनके हिन्दू धार्मिक सिद्धान्तों का कारण था और जुलाहे के घर पालित होना तथा शेखतकी आदि सूफियों का सत्संग उनके मुसलमानी विचारों से परिचित होने का कारण था ।

—राम कुमार वर्मा : कबीर का रहस्यवाद (73)

(घ) जो कुछ उन्होंने देखा अथवा जाना है उसको प्रकाशित करने के लिये प्रति दिन के व्यवहार की भाषा में कोई शब्द नहीं है और कम-से-कम क्या वे तर्क या न्याय की विचार शृंखला के साधनों अथवा वाक्यांशों से अपने विचारों के पर्याप्त प्रदर्शन की आशा रख सकते हैं ।

—वही (81)

स्पष्टता के सिद्धान्तों से एक निष्कर्ष यह भी निकलता है कि वाक्य यथासाध्य द्विअर्थी न हो । बच्चे कभी-कभी एक दूसरे से यह प्रश्न किया करते हैं कि "क्या तुमने कुर्ता पहने हाथी देखा है ?" इसका सीधा सादा अर्थ तो यह हुआ कि "क्या तुमने ऐसा हाथी देखा है जो कुर्ता पहने हो ?" किन्तु अब इसी वाक्य को इस रूप में लिखो :

क्या तुमने, कुर्ता पहने, हाथी देखा है ?

इसका अर्थ यह हुआ कि "क्या तुमने कुर्ता पहन कर हाथी देखा है ?"

इसी ढंग का एक द्विअर्थी वाक्य यह है :

"बुढ़िया भीतर गई"

जिसका दूसरा रूप है

बुढ़िया भी तर गई ।

ऐसे वाक्यों का विशेष महत्व नहीं है क्योंकि सामान्यत : कोई ऐसे वाक्यों का प्रयोग नहीं करता । अलबत्ता ऐसे वाक्य पहेलियों के रूप में प्रयुक्त होते हैं । खुसरो की पहेलियाँ प्रसिद्ध हैं । हम उन में से केवल एक यहाँ देते हैं :

एक नार तरुवर से उतरी, सिर पर वाके पाँव ।
ऐसी नार, कुनार को मैं न देखन जाऊँ ।।

इस पहेली का उत्तर है "मैना नाम की चिड़िया ।" पहली पंक्ति को इस रूप में लिखने से उलझन सुलझ जाती है :

एक नार तरुवर से उतरी, सिर, पर, वाके पाँव

एक पहेली और :

खाते नहीं, पर खाते हैं । बेसन की नहीं बनाते हैं ।

इस पहेली का उत्तर है "अशरफी" । यह इसे इस रूप में लिखने से स्पष्ट हो जायेगा :

खाते नहीं, परखाते हैं । बे सन की नहीं बनाते हैं ।

(2) **शक्यता**—यदि कोई कहे कि उसने एक बिल्ली को हवा में उड़ते हुए देखा था, जिसकी पूँछ से एक हाथी लटकता जा रहा था, तो कोई इस बात पर विश्वास नहीं करेगा । उक्त वाक्य व्याकरणिक दृष्टि से शुद्ध है क्योंकि इसमें उद्देश्य और विधेय दोनों विद्यमान हैं और वाक्य का मतलब साफ समझ में आ रहा है । परन्तु हम जानते हैं कि बिल्ली हवा में उड़ नहीं सकती, और न वह हाथी का भारी बोझ उठा सकती है । यह बात दूसरी है कि बिल्ली की शक्ल का गुब्बारा बना हो और हाथी की आकृति का कोई कागज का खिलौना उससे लटक रहा हो । किन्तु ऐसे विशेषित अर्थ पर तो हम इस समय ध्यान नहीं दे रहे हैं । सामान्यतः हम यहीं कहेंगे कि उक्त वाक्य में शक्यता की कमी है ।

इस ढंग के बहुत से उदाहरण शेख चिल्ली और लाल बुझक्कड़ की कहानियों में मिल जायेंगे । परन्तु हम एक दृष्टान्त तुलसीकृत "राम चरित मानस" से देते हैं । प्रसंग है धनुष यज्ञ का । जब बहुत से योद्धा जोर लगा कर हार गए, और शिव धनुष को तिल भर भी न सिरका पाए, तब

भूप सहस दस एकहि बारा। लगे उठावन, टरइ न टारा ।।

इस चौपाई का शाब्दिक अर्थ तो यह है कि "दस हजार राजा एक साथ धनुष पर जुट गए, तब भी धनुष को खिसका न पाए।' यदि यही इस चौपाई का अभिप्राय है तो यह सोचने की बात है कि धनुष कितने योजन लम्बा था जिस पर दस हजार व्यक्ति एक साथ लगा सकें। और वह भवन कितना बड़ा था जिसमें उक्त धनुष रखा हुआ था। और वह हॉल भी असाधारण ही रहा होगा जिसमें दस हजार राजा एक साथ बैठ सकें।

यह मानना पड़ेगा कि इस चौपाई में कल्पना की उड़ान है, कवित्वमय भाषा है, काव्य अत्युक्ति है। "सहम" का एक अर्थ "अत्याधिक' भी है। लेखक का अर्थ यह है कि कई-कई राजा एक साथ जुट गये, फिर भी धनुष को हिला नहीं सके।

हम अपने जीवन में बहुत बार अत्युक्तियों का प्रयोग करते हैं हम यहाँ कुछ दृष्टान्त देते हैं।

(क) गाँव के एक बच्चे ने अपने पिता से कहा कि "पिताजी, आज मैंने गाँव में कोई 500 कुत्ते देखे थे।"

पिता जी : कमबख्त, इतना बड़ा झूठ बोलता है। यह गाँव क्या, आस-पास के दस-बीस गाँवों में मिला कर भी 500 कुत्ते न होंगे। सच बता, तूने कितने कुत्ते देखे थे।

बच्चा सहम कर बोला, '500 तो नहीं, पर मैंने दो कुत्ते अवश्य देखे थे।

(ख) आगरे के लाल किले में पत्थर का एक बड़ा सा हौज रखा हुआ है जिसका व्यास कई मीटर है। एक नकली प्रदर्शक ने हमें बताया था कि 'इस प्याले में तानसेन भंग पिया करता था।' पता नहीं तानसेन एक बार में कै मन भंग पीता था।

(ग) पिता (पुत्र से) : "मैं तुम्हें लाखों बार बता चुका हूँ कि अत्युक्ति नहीं करनी चाहिये।"

(घ) पति (पत्नी से) 'मैं आधे घंटे से कह रहा हूँ कि तुरन्त नीचे उतर आओ तो सैर को चलें।'

पत्नी "मैं एक घंटे से कह रही हूँ कि 1 मिन्ट में उतरती हूँ।"

(ङ) बचपन में एक बुढ़िया ने हमें बताया था कि "आकाश में जो तारे दिखाई देते हैं, ये मरे हुए लोगों की आँखे हैं।"

इस बात को सुनने के बाद मैंने कई दिन तक यह पहचानने का प्रयत्न किया था कि कौन से तारे मेरी दादी की आँखे हो सकती हैं जो कुछ दिन पहले ही मरी थीं।

(च) कुछ लोग खाने के बाद एक तिनके से दाँत कुरेदा करते हैं, जिसे 'खरका' कहते हैं।

एक गपोड़िया किसी दूसरे नगर में गया जहाँ का गपोड़िया बहुत प्रसिद्ध था। यह उसके घर पहुंचा, यह सोचकर कि उसे मात देकर लौटेगा। उसके मकान के आगे एक नीम का पेड़ था। आवाज दी तो दूसरे गपोड़िये का लड़का निकल कर आया। यह अपना परिचय देकर लड़के से बोला कि "सोचता हूँ कि इस नीम के पेड़ को दातुन करने के लिये ले जाऊँ।"

लड़का कुछ सोच कर बोला, "ठीक तो रहेगा, किन्तु फिर मेरे पिता जी खरका काहे से करेंगे।"

(छ) राम चरित मानस-धनुष यज्ञ का प्रसंग। जब राजा जनक ने कहा कि "पृथ्वी वरों से खाली है, तो लक्ष्मण जी की क्रोधाग्नि भड़क उठी। वे बोले: यह धनुष क्या चीज है ? मैं चाहूँ तो

"कमल नाल जिमि चाप चढ़ावों। जोजन सत प्रमाण लैधावों।"

अर्थ: "धनुष को कमल की डंडी की तरह चढ़ा कर, उसे सौ योजन तक दौड़ा लिये चला जाऊँ।"

यहाँ तक तो गनीमत है। अब देखिए।

"जो तुम्हारि अनुसासन पावों। कंदुक इव ब्रह्मांड उठावौं।
काचे घाट जिमि डारौं भोरी। सकउँ भेरू मूलक जिमि तोरी।',

अर्थ : यदि आपकी आज्ञा पाऊँ तो ब्रह्मांड को गेंद की तरह उठा लूँ। और उसे कच्चे घड़े की तरह फोड़ डालूँ, सुमेरू पर्वत को मूली की तरह तोड़ डालूँ।

ब्रह्मांड को उठाने के लिए, लक्ष्मण जी को ब्रह्मांड के बाहर कहीं पर पैर टिकाने पड़ेगें। ऐसा स्थान कहाँ मिलेगा।

यह सब कवि के मस्तिष्क की उड़ान है।

पर हमें दूसरी ओर भी ध्यान देना चाहिये। जो बात आज असंभव दिखाई देती है, वह कल संभव भी हो सकती है। हम जानते हैं कि धातुएँ और पत्थर पानी में डूब जाते हैं परन्तु आधुनिक इंजीनियरी विज्ञान ने यह चमत्कार कर

दिखाया है कि गैस भरे हुए लोहे के सिलिंडर पानी पर उतराते हैं जिनसे प्लव-सेतु उतराते पुल (**floating bridges**) बनाए जाते हैं।

रामायण में एक प्रसंग आता है कि भगवान राम की वानर सेना ने भारत से लंका जाने के लिये पत्थर के ढोंकों से एक प्लव-सेतु बनाया था, इसी कारण आज तक रामेश्वर नामक तीर्थस्थान को सेतुबन्द रामेश्वर कहते हैं। कुछ लेखकों ने इस गाथा को पौराणिक पुट देकर इस रूप में प्रस्तुत कर दिया है कि श्री राम की सेना में दो नायक थे नल और नील जो बचपन मे बड़े शरारती थे। वे घंटों समुद्र में पत्थर डाल कर खेला करते थे। एक ऋषि समुद्र के किनारे पर तपस्या किया करता था। कदाचित उसकी अराधाना में विघ्न पड़ता था। अत: उसने दोनों को शाप दे दिया कि वे जो वस्तु समुद्र में डालेंगे, वह कभी नहीं डूबेगी। उन्हीं दोनों ने पत्थरों से प्लवसेतु बनाया।

इस कथा में कितना तथ्य है, यह हम नहीं कह सकते। कुछ अन्य लेखकों ने वैज्ञानिक रूप देकर इस कथा को यों प्रस्तुत किया है कि 'नल और नील दो इंजीनीयर थे जिन्होंने ऐसा उपाय निकाला था कि पत्थर के ढोके भी पानी में तैर जायें।' यह बात अधिक बोधगम्य दिखाई देती है।

कुछ लोग कई मिनट के लिये नब्ज रोक लेते हैं, सांस रोक लेते हैं। कुछ साधु समाधिस्थ होकर जमीन में गड्ढा करके कई हफते के लिये उस में बन्द हो जाते हैं, और फिर सकुशल निकल आते हैं। हम एक आँखों देखी घटना सुनाते हैं। एक बन्दर का पालक उससे कहता है कि 'आज दर्शकों में से कौन सा बिना नहाए आया है, "और बन्दर उक्त दर्शक के सामने जाकर खड़ा हो जाता है।" इसी प्रकार का प्रश्न है :

"कौन अपनी पत्नी से लड़ कर आया है।" और बन्दर इंगित द्वारा इसका ठीक डीक उत्तर दे देता है।

इसी प्रकार की बहुत सी बातें हैं जिनका अभी तक विज्ञान स्पष्टीकरण नहीं कर पाया है। संभव है किसी दिन कर सके।

(3) **पूर्णता**—यदि हम कहें कि "चन्दर खाना खाकर चला गया, तो स्पष्ट है कि वक्ता को इस विषय में जो कुछ कहना था, उसने कह दिया। सामान्य स्थिति में श्रोता को कोई आकांक्षा नहीं रह जाती कि "पाठक इसके अतिरिक्त और क्या कहना चाहता था।" अतः वाक्य स्वयंपूर्ण है। परन्तु, यदि कोई मित्र आकर हमसे कहता है कि "चलो", तो, यदि पहले से कार्यक्रम निश्चित नहीं है, तो श्रोता को यह जानने की

इच्छा होगी कि "कहाँ चलें, और क्यों चलें। उक्त वाक्य की आकांक्षा की पूर्ति कई प्रकार से हो सकती है :

(i) चलो, बाजार चल कर तरकारी ले आएँ।

(ii) चलो, उक्त रोगी को देख आएँ।

(iii) चलो, पड़ोस के विवाहोत्सव में सम्मिलित हो आएँ।

(iv) चली चलें माँ, सपनों के गाँव में,
काँटों से दूर कहीं, फूलों की छाँव में ॥

"पूर्णता" एक अपेक्षिक गुण है। उपर्युक्त पहले वाक्य से एक श्रोता सन्तुष्ट हो सकता है। किन्तु, दूसरा ये प्रश्न कर सकता है :

तरकारी कौन से बाजार से लानी है। कौन सी सब्जी लानी होगी। और कितनी-कितनी लानी होगी। तरकारी लाने के लिए कोई झोला ले चलना है या टोकरा। किसी नौकर को साथ ले चलना है या नहीं।......

स्पष्ट है कि "पूर्णता" की ठीक-ठीक परिभाषा नहीं दी जा सकती। यह कहना कठिन है कि विचार कहाँ पर पूर्ण हुआ अथवा दूसरा विचार आरम्भ हुआ। कालिदास के "रघुवंश" में राज कुमारी इन्दु के स्वयंवर का प्रसंग आता है। उसकी दासी सुनन्दा उसे प्रत्येक राजा के सम्मुख ले जाकर उसका परिचय देती है। वह पांडय देश के राजा के विषय में कहती है :

"यदि तुम सदा मलय पर्वत का घाटियों में विहार करना चाहो, जिन में पान की बेलों से ढके हुए सुपारी के पेड़ खड़े हैं, इलायची के बेलों से लिपटे हुए चन्दन के पेड़ लगे हैं और स्थान-स्थान पर ताड़ के पत्ते फैले हुए हैं, तो तुम इन से विवाह कर लो।"

यह पैरा एक ही वाक्य में लिखा हुआ है। किन्तु अब इसे इस रूप में लिख कर देखिये :

"मलय पर्वत की घाटियों में पान की बेलों से ढके हुए सुपारी के पेड़ खड़े हैं। और इलायची की बेलों से लिपटे हुए चन्दन के पेड़ लगे हैं। इसके अतिरिक्त स्थान-स्थान पर ताड़ के पत्ते फैले हुए हैं। यदि तुम सदा उक्त घाटियों में बिहार करना चाहो तो इनसे विवाह कर लो।"

अब वही पैरा चार वाक्यों में विभाजित हो गया। हम तो इन चारों को पूर्ण रूप से वाक्य मानने को तैयार हैं।

प्रत्येक कहानीकार एक विचार लेकर ही कहानी का आरम्भ करता है। कह सकते हैं कि पूरी कहानी एक ही विचार का द्योतक है। यही बात किसी उपन्यास के विषय में भी कही जा सकती है। इतना ही नहीं, बहुत से उपन्यासकार जब एक उपन्यास को समाप्त करते हैं तो एक पुछल्ला छोड़ देते हैं। उसी पुछल्ले को पकड़ कर दूसरा उपन्यास आरम्भ कर देते हैं। तब क्या यह कहना समीचीन होगा कि ऐसे किसी लेखक के सारे उपन्यासों में एक ही विचार रींगता है।

स्व० बा० देवकी नन्दन खत्री ने चन्द्रकान्ता उपन्यास लिखा जिसे चार भागों में समाप्त कर दिया। उससे सन्तोष न हुआ तो "चन्द्रकान्ता उपन्यास" के पात्रों की अगली पीढ़ी को आगे बढ़ा कर "चन्द्रकान्ता सन्तति" लिखा जिसे 24 भागों में पूरा किया। उक्त उपन्यास में एक विचित्र पात्र आता है "भूतनाथ'। उसने अपनी जीवनी लिख कर अपने स्वामी राजा वीरेन्द्र सिंह को दी। देवकी नन्दन जी उक्त जीवनी के, जिसे उन्होंने उपन्यास का रूप दे दिया, 5 ही भाग लिख पाए थे कि उनका स्वर्गवास हो गया। उनके परम मित्र थे पं० किशोरी लाल गोस्वामी। बा० देवकी नन्दन के पुत्र श्री दुर्गा प्रसाद ने उनसे कहा कि "पिताजी के विचारों से जितने आप अवगत थे, उतना और कोई नहीं। अतः यदि उनकी कृति आप ही पूरा करें तो सुगम होगा। केवल एक कापी उन्होंने मेरे पास छोड़ी है जो मैं आपको देता हूँ।

गोस्वामी जी कापी लेकर मथुरा चले गये, और थोड़े दिन बाद वहीं पर उनका देहान्त हो गया। उक्त कापी का किसी को पता भी नहीं चला।

तब बा० दुर्गा प्रसाद ने छठे भाग से भूतनाथ उपन्यास को आगे बढ़ाया। (21)भागों में उसे पूरा कर दिया।

जब मैंने पूरा ग्रंथ दो बार पढ़ लिया, तब मेरे मन में जो शंकाएँ रह गई थीं. उन्हें नोट कर लिया तत्पश्चात मैं श्री दुर्गा प्रसाद से मिला। कहाना के जो भेद भूतनाथ में खुलने से रह गए थे, मैंने उण्हें नोट करा दिये। उन्होंने बताया कि वे एक उपन्यास "रोहतास मठ" लिख रहे हैं। उसमें वे सारे भेद खोल देंगे।" 6 भागों में रोहतास मठ भी पूरा हो गया। इस प्रकार सारा ग्रंथ 4 24 21 6 =55 भागों मे बँटा हुआ है, जिसे दो लेखकों ने मिलकर पूरा किया। अब सोचने की बात है कि क्या 55 पुस्तकों के ग्रन्थ एक ही विचार का द्योतक मान लिया जाये ? बाद को भूतनाथ के 21 भागों को 7 खण्डों में विभाजित कर दिया गया।

कुछ योजनाएँ तो ऐसी होती है जो कभी पूरी हो ही नहीं सकती। क्या किसी ग्रन्थालय की पुस्तक सूची कभी पूरी हो सकती है ? उस में तो सदैव पुस्तकें बढ़ती

ही रहती हैं। किसी देश की जनगणना का भी यही हाल है। क्या किसी भाषा के शब्दकोष को हम कभी पूर्ण मान सकते हैं। प्रत्येक जीवन भाषा में हर साल कुछ शब्द बढ़ जाते हैं। कुछ घट भी जाते हैं, किन्तु बढ़ते अधिक हैं, घटते कम।

व्यावहारिक दृष्टिकोण यह होगा कि किसी समय जो कुछ कोई लेखक कहना चाहता है, यदि वह पूरा का पूरा उसके कथन में समाविष्ट हो जाये, तो वाक्य पूर्ण समझा जाये, अन्यथा नहीं। यदि कोई कहे कि "मैं रंगून जा रहा हुं" तो मतलब स्पष्ट है। उसका अभिप्राय केवल इतनी ही सूचना देने का है। वह यह बताना आवश्यक नहीं समझता कि रेल से जा रहा है या कार से, या वायु मार्ग से। न यह बताना चाहता है कि वह अगले दिन जा रहा है या दो दिन बाद। अब यदि श्रोता के मन में इस प्रकार की जिज्ञासा है तो वक्ता से पूछे, किन्तु प्रत्यक्ष रूप से कथन में ऐसी कोई आकांक्षा नहीं है।

परन्तु यदि कोई कहे कि "मैं रगून जाता तो···" तो स्पष्ट हो जाता कि वक्ता कोई कारण बताने जा रहा है कि उसके जाने में कौन सी बाधा पड़ गई या पड़ने वाली है इसी प्रकार के अपूर्ण वाक्य हैं :

(1) जब भगवान राम ने बालि के तीर मारा,··· ··

(2) अभी तो दस भी नहीं बजे थे जब······

(3) जिसकी बात अच्छी लगे······

कुछ कहानियों में भूमिका स्वरूप कुछ बातें दी जाती हैं, जैसे

(क) एक दिन की बात है

(ख) एक था राजा, एक थी रानी

(ग) दिवस का अवसान समीप था—हरिऔध

(घ) अब्र था छाया हुआ और फ़स्ल की बरसात की—चकबस्त

यों तो स्पष्ट है कि इन वाक्यों के बाद लेखक को कुछ और कहा है, परन्तु इस ढंग की आकांक्षा तो प्रत्येक उपन्यास में दिखाई देगी, क्योंकि पाठक सदैव यह जानने को उत्सुक होगा कि इसके बाद क्या हुआ ? अतएव ऐसे वाक्यों को पूर्ण माना जाता है। हां, यदि पहले वाक्य के बाद "कि" और होता तो आकांक्षा स्पष्ट रूप से दृष्टिगोचर होती, और उक्त वाक्य अपूर्ण माना जाता।

(4) **पदक्रम**—श्री कामता प्रसाद गुरु ने अपने हिन्दी व्याकरण के नियम 657 में लिखा है :

"वाक्य में पहले कर्ता या उद्देश्य, फिर कर्म या पूर्ति और अन्त में क्रिया रखते हैं।"

उदाहरण : नौकर चला गया, स्त्री ने रोटी खाई, उस ने एक दिन के लिये भिश्ती को राजा बना दिया, कलकत्ते में ओले बरसे।

हिन्दी में वाक्यों के पदों का क्रम बिल्कुल निश्चित नहीं होता। उसमें थोड़ा बहुत परिवर्तन हो सकता है। उपरिलिखित तीसरे वाक्य को हम इन रूपों में भी लिख सकते हैं :

(1) उसने भिश्ती को एक दिन के लिये राजा बना दिया।
(2) उसने भिश्ती को राजा बना दिया एक दिन के लिये।
(3) एक दिन के लिये उसने भिश्ती को राजा बना दिया।
(4) उसने एक दिन के लिये राजा बना दिया भिश्ती को।

इन सब वाक्यों में मुख्यार्थ तो एक ही रहता है किन्तु सब में पदों का एक सा ज़ोर नहीं रहता। परन्तु इसका यह अर्थ नहीं है कि हम किसी वाक्य में मन माने परिवर्तन करते चले जायें, अर्थ नहीं बदलेगा। कुछ लेखक ऐसे परिवर्तन कर देते हैं कि या तो अर्थ का अनर्थ हो जाता है या कोई अर्थ निकलता ही नहीं अथवा वाक्य बहुत अटपटा या जटिल बन जाता है। कुछ नमूने देखिए :

(क) जनता में अधिक प्रसिद्धि ही इसका कारण है—शिव प्रसाद शुक्ल हिन्दी का निखार तथा परिष्कार (1972) 50

(ख) पर आगे ब्रज भाषा का सहारा हिन्दी ने छोड़ दिया यद्यपि सर्वथा नहीं छोड़ा—वही (51)

(ग) गौ बहुत अच्छी मैंने ली—वही

(ग) मार्ग दर्शक का सब से बढ़ कर महत्व है—वही (117)

(ङ) एकरूपता यदि भाषा में न होगी तो उसका साहित्य दूर देश और दूर काल में दुर्बोध हो जायेगा।

जो वाक्य हम यहाँ दे रहे हैं, सामान्य स्थिति में संशोधनीय है किन्तु विशेष स्थिति में अथवा विशेष संदर्भ में समीचीन हो सकते हैं। उपर्युक्त वाक्य के बदले में यदि यह वाक्य हो तो उपयुक्त होगा :

एक रुपता यदि भाषा में न होगी तो कहाँ होगी।

किन्तु यह देखना होगा कि जिस प्रसंग में इस वाक्य का प्रयोग हुआ है उससे इसका मेल बैठता है या नहीं।

(च) एक प्रकार की परिपूर्णता की वह स्थिति है।

—जैनेन्द्र का कहानियाँ : पानवाला

सामान्यत: हम इस बात को इस रूप में कहेंगे :

वह स्थिति एक प्रकार की परिपूर्णता की है।

अब गुरु के व्याकरण के अंक 658, 657 पर विचार कीजिये

658 द्विकर्मक क्रियाओं में गौण कर्म पहले और मुख्य कर्म पीछे आता है।

उदा० मैंने पंडित को 51 रुपये दिये। मैं उसे वीर बना दूँगा। वह पहलवान को शबाशी दे रहा है।

657—इनके अतिरिक्त दूसरे कारकों में आने वाले शब्द उन शब्दों के पूर्व आते हैं जिनसे उनका सम्बन्ध रहता है।

उदा० वह घायल हो कर लौटा है। यहाँ से जमना जी तक दौड़ लगाओ। बटुआ मेरी दाहिनी जेब में रहेगा।

कुछ लेखक इन नियमों की भी अवहेलना कर जाते हैं। कुछ नमूने देखिये :

1. मेरे लिये तो दुनिया में यही एक सरोकार रखने के लिये चीज है—जैनेन्द्र की कहानियाँ छटा भाग।

उपर्युक्त नियमों से एक निष्कर्ष यह निकलता है कि जिन शब्दों में सम्बन्ध हो, उन्हें यथासाध्य एक दूसरे के समीप रखना चाहिये। इम विचार से उपर्युक्त वाक्य इस रूप में लिखना चाहिये :

मेरे लिये तो सरोकार रखने के लिये दुनिया में यही एक चीज है।

2. भोज्य सामने देख कर अपनी दृष्टि को थामा उस से नहीं जाता—वही : पान वाला।

संशोधित रूप : भोज्य सामने देख कर उससे अपनी दृष्टि को थामा नहीं जाता।

3. फिर मैं किसे और ढूँढता फिरूँगा—वही

इस वाक्य में यदि "किसे" और "और" का हेर फेर कर दिया जाये तो अच्छा है।

4. ऐसे शब्द आवश्यक परिवर्तन अपने रूप में कर लेते हैं—किशोरी दास वाजपेयी : ब्रज भाषा का व्याकरण (17)

यदि "अपने रूप में "आवश्यक परिवर्तन" के पहले आए तो अच्छा है।

5. इसी तरह की प्रायः सब व्याकरणकारों ने बहुत सी अनियमित बातें लिखी हैं—(76)

संशोधित रूप : प्रायः सब व्याकरणकारों ने इसी तरह की बहुत सी अनियमित बातें लिखी हैं।

6. सौ में से निन्यानबे खड़ी बोली की कविताएं वीणा की झंकार या हृत्तन्त्री के तार से भरी रहती हैं—वही (1000)

संशोधित रूप : खड़ी बोली की सौ में से निन्यानबे कविताएँ वीणा की ......

7. बहुत से ब्रज भाषा के कवियों ने शब्द-प्रयोग गलत कर दिये हैं—वही (101)।

संशोधित रूप—ब्रज भाषा के बहुत से कवियों ने .....

8. परन्तु फिर भी, वह खराब ही सोना-चाँदी है—वही (75)

संशोधित रूप : परन्तु फिर भी, वह सोना-चाँदी खराब ही है।

9. नाम पदों के प्रसंग में हम देख चुके हैं कि उनसे वस्तु जिसके लिए परिभाषिक व्यक्ति पद का प्रयोग होता है, के संकेत के अतिरिक्त जाति लिंग, वचन, कारक और शब्द का भी ग्रहण होता है।

दीप्ति शर्मा : व्याकरणिक कोटियों का विश्लेषणात्मक अध्ययन (54)

संशोधित रूप..... उनसे जिस वस्तु के लिये पारिभाषिक व्यक्ति पद का प्रयोग होता है, उसके संकेत के अतिरिक्त.....

10 जब अपना ही नहीं रहा हाल-चाल लेने वाला दूसरा कौन पूछता है किसे।—शिव प्रसाद सिंह :

मेरी प्रिय कहानिया : नन्हों

संशोधित रूप : जब अपना ही हाल-चाल लेने वाला नहीं रहा तो दूसरा कौन किसे पूछता है।

11. वह चुपचाप आँगन में देखा करती (46)

संशोधित रूप : वह आँगन में चुपचाप देखा करती।

12. हिन्दी संख्यावाचक शब्दों में वर्तनी के हिन्दी प्रदेश में अनेक प्रकार के विकल्प मिलते हैं—भोला नाथ तिवारी : मानक हिन्दी का स्वरूप (117)

संशोधित रूप : हिन्दी प्रदेश में हिन्दी के संख्यावाचक शब्दों की वर्तनी के अनेक प्रकार के विकल्प मिलते हैं।

13. और आप से जिन्दगी में कभी मुलाकात ही नहीं कहीं हो पाती

—भीष्म साहनी : निशाचर

संशोधित रूप : और आप से जिन्दगी में कभी कहीं मुलाकात ही नहीं हो पाती।

14. दन्त को भी दंत वहाँ छपता है

—शिव प्रसादशुक्ल : हिन्दी का निखार तथा परिष्कार (1972)

संशोधित रूप : दन्त का भी वहाँ दंत छपता है।

अंक 665 (अ) : प्रश्नवाचक अव्यय "क्या बहुधा वाक्य के आदि में और कभी कभी बीच में अथवा अन्त में आता है।

उदा० क्या चमेली सो गई।—चमेली क्या सो गई, चमेली सो गई क्या।

उक्त तीनों वाक्य शुद्ध हैं किन्तु सब में समस्त शब्दों पर एक सा जोर नहीं है।

15. "हृदय की कटुता" "हिम" में भी क्या है।

किशोरी दास वाजपेयी : बृज भाषा का व्याकरण (85)

संशौधित रूप : क्या "हृदय" की कटुता "हिम" में भी है।

अंक 666 : तो, तो, ही, भर, तक और मात्रा उन्हीं शब्दों के पश्चात आते हैं जिन पर इन के कारण अवधारण होता है;और इनके स्थानान्तर से वाक्य में अर्थातर हो जाता है।

जैसे राम भी आ गया, राम आ भी गया, राम तो आ गया, राम आ तो गया।

16. इसी ही लिये तो मैं कहता हुं।

—वही (27)

हमारे विचार में इस वाक्य में "ही" की कोई आवश्यकता नहीं है। यदि लगाना ही है तो "लिए के बाद लगाना चाहिये।

17. इनकी बनावट में तथा प्रकृति आदि में समानता का होना स्वाभाविक है ही—(वही) (II) ही "है" से पहले आना चाहिये।

अंक 668 (आ) यदि क्रिया संयुक्त हो अथवा संयुक्त काल में आवे तो अव्यय न अथवा नहीं मुख्य क्रिया और सहायक क्रिया के बीच में आते हैं।

उदा : रोगी निर्बलता के कारण बोल भी नहीं पाता है; तुम से इतना सा बोझ भी उठाया न गया।

18. या आप भी कुछ जिस रूप में कहना चाहेंगे, उसे उस रूप में वे न ग्रहण कर सकेंगे, जिन के लिये आपका उद्योग है —वही (26)

संशोधित रूप ·· ग्रहण न कर सकेंगे ·· ····

19. घोड़े पर डाकू हैं, और आप पैदल उनका पीछा करना चाहते हैं—भोला नाथ तिवारी : मानक हिन्दी का स्वरूप (170)

यदि उक्त वाक्य इस रूप में लिखा जाये तो अधिक जोरदार बन जाये :

डाकू (तो) हैं घोड़े पर, और आप······

5. **अन्वय**— "अन्वय" का अर्थ है "मेल"।

वाक्य में उद्देश्य और क्रिया का मेल होना चाहिये, क्रिया और कर्म का मेल होना चाहिये····· यदि कोई महिला जा रही है तो हम उससे पूछेगें, "क्या आप जा रही हैं ?" यदि कोई पुरुष जाने वाला हो तो उससे पूछेगें, "क्या आप जा रहे हैं ?" यदि किसी छोटे व्यक्ति अथवा घनिष्ट मित्र से बात कर रहे हैं तो कहेंगे "क्या तुम जा रहे हो ?" यदि कहें कि "क्या आप जा रहे हो ?" तो यह व्याकरणिक दृष्टि से अशुद्ध होगा यद्यपि आजकल तो लोग ऐसा प्रयोग भी करने लगे हैं।

किसी पुरुष से पूछेंगे, "क्या आप खाना खा चुके, किन्तु स्त्री से पूछेंगे, "क्या आप खाना खा चुकीं। अब लोग इस दिशा में स्वतंत्रता बर्तने लगे हैं। कुछ लोग महिलाओं से भी पूछते हैं, "क्या आप खाना खा चुके हैं।" फिर भी हम इस प्रयोग को व्याकरण-सम्मत नहीं कहेंगे।

अब तनिक इस वाक्य पर प्रिचार कीजिए :

(1) श्याम, तुम और मैं चलूंगा—भोला नाथ तिवारी : मानक हिन्दी का स्वरूप (71)

उक्त वाक्य हमें तो बहुत बेढंगा दिखाई पड़ता है। किन्तु इसे एक प्रकार से गुरु जी के व्याकरण का प्रश्रय प्राप्त है। देखिये अंक 572 :

"भिन्न-भिन्न पुरुषों के कर्ताओं में यदि उत्तम पुरुष आवे तो क्रिया उत्तम पुरुष में होगी; और यदि मध्यम तथा अन्य पुरुष कर्त्ता हो तो क्रिया मध्यम पुरुष में रहेगी; जैसे हम और तुम वहाँ चलेंगे; तू और वह कल आना; तुम और वे कब आओगे। वह और मैं साथ पढ़ती थीं।

हम यह मानते हैं कि अब अधिकतर लोग उत्तम पुरुष के एक वचन के बदले बहु वचन का ही प्रयोग करते हैं। "मैं" के स्थान पर भी "हम" ही काम में आता है।

परन्तु फिर भी "मैं" का भी एक उदाहरण देना था। "मैं और तुम वहाँ चलेंगे" में भी कोई कठिनाई नहीं है। वास्तविक कठिनाई आती है जब "तुम और मैं" कहा जाये। गुरु जी का व्याकरण 60 वर्ष पहले लिखा गया था। सम्भव है उस समय हिन्दी के किसी क्षेत्र में इस ढंग की भाषा चलती हो किन्तु आजकल तो उपरि-लिखित वाक्य सहन नहीं होगा। हमारे विचार में उक्त वाक्य को लिखने के कई ढंग हैं :

मैं और तुम चलेंगे; मैं और तुम दोनों चलेंगे

तुम और मैं चलेंगे; तुम और मैं दोनों चलेंगे

और जहाँ इस बात का कोई भ्रम नहीं कि बात वक्ता और श्रोता के विषय में ही हो रही है, वहाँ इतना ही कहना पर्याप्त होगा कि "हम दोनों चलेंगे।"

जो वाक्य डा० तिवारी ने दिया है, उसके कहने के भी कई ढंग है :

श्याम, तुम और मैं चलेंगे, श्याम मैं और तुम चलेंगे

मैं, तुम और श्याम चलेंगे! तुम, मैं और श्याम चलेंगे, आदि

(2) राम जा रहा है और मोहन (174)

इस बात को कहने का स्वाभाविक ढंग यह है : राम और मोहन जा रहे हैं।

स्वतन्त्र कर्ता

श्री कामता प्रसाद गुरु के हिन्दी व्याकरण के अंक 627 (इ) में ऐसा लिखा है :

कभी-कभी पूर्वकालिक कृदंत के साथ स्वतन्त्र कर्ता आता है जिसका मुख्य क्रिया से कोई सम्बन्ध नहीं रहता : जैसे चार बज कर दस मिन्ट हुए; खर्च जाकर पाँच रुपये की बचत होगी; आज अर्जी पेश होकर यह हुक्म हुआ; इस राग से परिश्रमी का दुख मिट कर चित नया सा हो गया हैं; हानि होकर यों हमारी दुर्दशा होती नहीं।

इसी प्रकार के कुछ उदाहरण अंक 511 (घ) में भी दिए हुए हैं : सब चिन्ताएँ दूर होकर बुद्धि निर्मल हो गई; रात बीत कर आसमान के किनारों पर लाली दौड़ आई थी; इससे आहार पच कर उदर हल्का हो जाता हैं; कोयला जल भई राख; हमारे मित्र जो काशी में रहते हैं, उनके लड़के का विवाह है।

इन उदाहरणों में से अंतिम तो बिल्कुल अप्रासंगिक है। यह तो एक मिश्र वाक्य है जिसमें एक विशेषण उप वाक्य है। इसी ढंग के दो वाक्य उसी व्याकरण के अंक 705 (ङ) में गुरुजी ने दिये हैं :

पानी जो बादलों से बरसता है, वह मीठा रहता है।

पहला कमरा जहाँ मैं गया उसमें अंधे सिपाहियों को गर्दन अथवा मालिश करने का काम सिखलाया जाता है।

अतः उक्त वाक्य में तो "स्वतन्त्र कर्ता" का प्रश्न ही नहीं है। अब हम उससे पहले (कोयले वाले) वाक्य पर विचार करते हैं।

तनिक इन वाक्यों पर विचार कीजिये :

1. तलैया सूख कर पोखरा बन गई।
2. पेड़ जल कर राख हो गया।
3. लड़की जल भुन कर अंगारा हो गई।
4. सोना मिट्टी हो गया।
5. मिट्टी सोना हो गई ।
6. महल ढह कर झोपड़ी हो गया
7. बेटी सूखकर कांटा हो गई।

उपरिलिखित सारे वाक्यों में क्रिया उद्देश्य का अनुसरण करती है। ये सब के सब साधारण वाक्य हैं। सारे उद्देश्य प्रधान कर्ता हैं। एक भी "स्वतंत्र कर्ता" नहीं है। प्रत्येक वाक्य में क्रिया का लिंग कर्ता के लिंग के अनुसार है। इसी प्रकार हम कहेंगे कि कोयला जल कर राख हो गया। यह कभी नहीं कहेंगे कि कोयला जल कर राख हो गई। उक्त वाक्य के विषय में भ्रम इसलिये फैला कि वह एक कविता से लिया गया है।

लकड़ी जले कोयला भई, कोयला जल भई राख।
मैं बिरहिन ऐसी जलो, कोयला भई न राख॥

मात्राओं का संतुलन बनाए रखने के लिये पहली पंक्ति में दोनों स्थानों पर "जल कर" के बदले जल लिखना पड़ा है। वास्तव में पहली पंक्ति का पूर्ण रूप यह होगा :

लकड़ी जल कर कोयला हो गई, कोयला जल कर राख हो गया। यदि पंक्ति इस प्रकार की होती :

कोयला जल कर आग भड़क उठी, तो कोयला "स्वतंत्र कर्ता" ही कहलाता। स्वतन्त्र कर्ता के अन्य उदाहरण देखिए :

1. इनाम पाकर बड़ा हर्ष हुआ; पत्र पढ़ कर प्रसन्नता हुई।
2. यह कह कर सिर झुक जायेगा-सुदर्शन। हंस की चाल।

3. फिर जैसे-तैसे इंटर पास कर रमा दी का विवाह कर दिया गया
—शिवानी (जूडिय से जयन्ती)।

4. इसी प्रकार "मन" और 'चाही' दो अलग-अलग शब्द हैं और इन से मिल कर मनचाही शब्द बना है—कामता प्रसाद गुरु : हिन्दी व्याकरण (37)

5. उन पर विचार करके वस्तु का परिमार्जिन होता चले
—कि : दा : वाजपेयी (हिन्दी शब्दानुशासन : लेखक का निवेदन)

6. स्त्री को स्त्री की संज्ञा देकर पुरुष का छुटकारा नहीं—अच्छी हिन्दी (174)

7. परन्तु हमें यह जानकर बहुत आश्चर्य हुआ
—महावीर प्रसाद द्विवेदी : विचार विमर्श (सं० 1988 : 41)

8. शुद्ध कला के उपासकों को यह जान कर चिन्ता हो रही है
—दिनकर (साहित्य और राजनीति)

9. तब वहाँ की स्त्रियाँ झरोंखों में बैठ कर तुम्हें देखेंगी और तुम्हारी सुन्दरता देख कर उनकी आँखों को सुख मिलेगा

—सीताराम चतुर्वेदी (कालिदास ग्रन्थावली-रघुवंश)

ऐसे प्रयोग कहाँ तक शुद्ध माने जायें, इस बात का विस्तृत विवेचन हम इस पुस्तक :

मानक हिन्दी-मैकमिलन के० आफ इंडिया लिमिटेड (1979) के अध्याय 7 और 10 में कर चुके हैं। यहाँ हम इतना ही कहेंगे कि इन में हिन्दी व्याकरण के नियमों का पूर्ण रूप से पालन नहीं होता, फिर भी ये प्रयोग-सिद्ध हो चुके हैं, अतः इन्हें सहन कर लेना चाहिये। तिस पर भी, इन का प्रयोग यथा साध्य कम ही हो तो अच्छा है।

अध्याय-4

वाक्यों के प्रकार

अर्थ के विचार से वाक्य आठ प्रकार के होते हैं :

(1.) कथनात्मक

(2) संभावनात्मक

(3) सन्देहात्मक

(4) आदेशात्मक

(5) प्रश्नात्मक

(6) विस्मयात्मक

(7) इच्छात्मक

(8) संकेतात्मक

(क) कथनात्मक वाक्य—जिस वाक्य में कोई सामान्य कथन किया गया हो। साधारणत: ऐसे वाक्य में या तो कोई तथ्य होता है, या विवरण या सूचना।

सम्राट अशोक एक महान राजा था; आज बदली है; परसों हमारे पड़ोसी की दुर्घटना हो गई (तथ्य)

रामायण फिल्म के क्या कहने; ऐसा प्रतीत होता है मानो सारी घटनाएँ हमारी आँखों के सामने घटित हो रही हैं। (विवरण)

कल निरीक्षक महोदय हमारे स्कूल में पधारेंगे; निर्मला को कल से ज्वर आ रहा है; आज तरकारी का भाव फिर बढ़ गया है (सूचना)

बहुत बार एक ही वाक्य को तीनों में से किसी भी वर्ग में रखा जा सकता है। बीच की सीमा रेखाएँ खींचना कठिन होता है।

कुछ वैयाकरण ऐसे वाक्यों को विधानात्मक वाक्य कहते हैं।

हमें इस नाम पर आपत्ति है। बहुत से वैयाकरण वाक्य की यह परिभाषा देते हैं : ऐसा कथन जिसमें किसी बात का विधान किया गया हो। जिस बात अथवा वस्तु के विषय में कोई बात कही जाये, वह उद्देश्य कहलाता है, और जो कहा जाये वह विधेय है। इस प्रकार तो समस्त वाक्य विधानात्मक कहलाने चाहिये। फिर एक विशेष प्रकार के वाक्य को विधानात्मक कैसे कहेंगे। प्रत्येक वाक्य में किसी न

किसी बात का विधान तो अवश्य होगा ही । इस प्रकार "विधानात्मक" नाम से भ्रम उत्पन्न होगा । अतः उक्त भ्रम को बचाने के लिए हम ऐसे वाक्य को कथनात्मक वाक्य कहेंगे ।

कुछ वैयाकरण ऐसे वाक्यों को निश्चयात्मक कहते हैं, किन्तु यह नाम भी उपयुक्त दिखाई नहीं देता । यदि हम कहें कि "हमारा विचार है कि कल मेला देखने जायें, तो इसमें निश्चितता तो कुछ नहीं है; सम्भव है जायें, सम्भव है न जायें । हाँ, यह कह सकते हैं कि "जाने का विचार है, इतना तो निश्चित है ।" यह "निश्चयात्मकता" के अर्थ का खींच तान कहलाएगी । इसी ढंग के और बहुत से वाक्य हो सकते हैं :

मानो, न मानो, तुम्हारी मर्जी; चन्दा खुदा का बन्दा, उगा, उगा, न उगा; आधा मन कर रहा है कि आज खाना खाऊँ, आधा कर रहा है कि न खाऊँ ।

(ख) **सम्भावनात्मक वाक्य**—हम लोग मुद्दतों से देखते आए हैं कि सूरज पूरब में उगता है, इसीलिए यह अनुमान लगाते हैं कि कल भी सूरज पूरब में उगेगा । इस अनुमान में गणित-ज्योतिष भी हमारी सहायता करता है । सूर्य-ग्रहण, चन्द्र-ग्रहण सम्बन्धी भविष्यवाणियाँ सब गणितीय परिकलन पर आधारित हैं, परन्तु हैं सब अनुमान ही यद्यपि बहुत ही प्रबल अनुमान हैं । और इस बात का भी कोई वैज्ञानिक प्रमाण नहीं है कि पृथ्वी गोल है । किसी ने आकाश में जा कर देखा तो नहीं है कि जमीन वास्तव में गोल है, चपटी नहीं है । यों यह सम्भावना बहुत ही प्रबल है कि जमीन गोल है, परन्तु है यह अनुभविक तथ्य ही ।

और ऋतु विज्ञान के पूर्वानुमान भी बहुत कुछ अनुभव जन्य ही हैं ।

चिकित्सा विज्ञान के भी बहुत से निष्कर्ष भी अनुभवाश्रित होते हैं ।

अर्थशास्त्र भी थोड़ा-बहुत अनुभव पर ही आधारित है ।

परन्तु जो कोई बिना गहन विचार किए, अनुभव से निष्कर्ष निकाल लेते हैं, धोखा भी खा जाते हैं ।

(1) एक व्यक्ति ने देखा कि कई बार जब उसने बुध के दिन यात्रा की, कोई न कोई अनिष्ट हुआ । अतः उसने यह निष्कर्ष निकाला कि बुध की यात्रा अनिष्ट-कारी होती है ।

(2) बहुत से अन्धविश्वास इसी प्रकार उत्पन्न होते हैं : बिल्ली का रास्ता काटना, खड़ी सीढ़ी के नीचे से निकलना, चौराहे को लांघना—सब इसी प्रकार के अन्धविश्वास हैं । अधिकतर लोग 13 की संख्या को अनिष्टकारी मानते हैं । 13 ता०

को यात्रा नहीं करेंगे, 13 नं० का मकान किराए पर नहीं लेंगे, यदि 13 नं० का फोन मिल रहा होगा तो बदलवा लेंगे।

(3) "दिवाकर जी बहुत ही बड़े ज्योतिषी हैं। उनकी भविष्यवाणी कभी झूठी नहीं निकलती।"

"क्यों, परसों ही उन्होंने तुमसे कहा था कि तुम्हारी कोई हानि होने वाली है। तुम्हारा तो बाल भी बाँका न हुआ।"

"हुआ क्यों नहीं ? परसों ही तो मेरी दियासलाई की नई डिबिया खो गई।"

(4) यात्रा (नाविक से) : तुमने बताया था कि तुम्हारे पिता, दादा और परदादा सब पानी में डुब कर मरे। स्पष्ट है कि पानी का संसर्ग तुम्हें रास नहीं आता। फिर तुमने नाविक का व्यवसाय क्यों अपनाया।

नाविक : आपके पिता जी की मृत्यु कहाँ पर हुई।

यात्री : चारपाई पर।

नाविक : आपके दादा की।

यात्री : चारपाई पर।

नाविक : और परदादा की।

यात्री : वह भी चारपाई पर।

नाविक : तब स्पष्ट है कि चारपाई का संसर्ग आपके लिए खतरनाक है। आपको चारपाई पर कभी नहीं जाना चाहिये।

(5) एक व्यक्ति ने पानी मिलाकर व्हिस्की पी। उसे नशा हुआ। अगले दिन उसने पानी मिलाकर "रम" पी। फिर नशा हुआ। तीसरे दिन उसने पानी मिला कर ठर्रा पिया। फिर नशा हुआ।

उसने सोचा कि जब भी उसने पानी मिला कर शराब पी, उसे नशा हुआ। अत: अगले दिन से उसने शुद्ध शराब पीना आरम्भ कर दिया।

(ग) **सन्देहात्मक वाक्य**—इस प्रकार के वाक्य से सन्देह या संशय प्रकट होता है जैसे अब तक तो शायद वह चला गया हो; यह कारस्तानी उसी पाजी लड़के की होगी; बस, वह घर से चल ही दी होगी।

यों तो सन्देहात्मक वाक्य में भी सम्भावना का भाव रहता है किन्तु सम्भावनात्मक वाक्य में बहुत आशा रहती है कि जो बात हम कर रहे हैं, वह हो गई होगी; सन्देहात्मक वाक्य में भाव और अभाव दोनो का पलड़ा या तो बराबर होता है या

वाक्य नहिकता की ओर अधिक झुका रहता है। जब हम कहते हैं कि "ऐसी वर्षा में वह कदाचित ही आ सके" तो भाव यह होता है कि हमें उसके आने की आशा क्षीण है।

कानून की एक मान्यता यह है कि जब तक किसी विचाराधीन व्यक्ति का दोष पूर्ण रूप से प्रमाणित न हो जाये, तब तक उसे निर्दोष समझा जाये। इसी बिना पर बहुत से अभियुक्त "सन्देह लाभ" दे कर छोड़ दिये जाते हैं। उनमें बहुत से ऐसे होते हैं जो वास्तव में अपराधी होते हैं किन्तु कानून तो पक्का सबूत माँगता है।

1. महाभारत में ऐसा प्रसंग आता है कि जब द्रोणाचार्य किसी से हारने का नाम नहीं ले रहे थे, तब कृष्ण जी ने यह युक्ति निकाली कि यदि 'गुरु द्रोण से यह कह दिया जाये कि उनका प्रिय पुत्र अश्वत्थामा मारा गया तो वह शोक के मारे हथियार डाल देंगे, और तब अर्जुन उन्हें मार गिराएगा।" और कृष्ण जी यह भी जानते थे कि द्रोण जी जब तक युधिष्ठिर से पूछ कर पुष्टि नहीं करा लेंगे, तब तक ऐसे समाचार पर विश्वास नहीं करेंगे। इसलिये कृष्ण जी ने "अश्वत्थामा' नाम के हाथी को मरवा दिया और शोर मचवा दिया कि ,'अश्वत्थामा" मारा गया। जब द्रोणाचार्य ने सुना तो तुरन्त युधिष्ठिर से पूछा। युधिष्ठिर बोले, "अश्वत्थामा हतो, नरो वा कुंजरोंवा" अर्थात "अश्वत्थामा मारा गया, (पता नहीं उक्त नाम का) मनुष्य या हाथी।" द्रोणाचार्य पहली ही वाक्य सुन पाए क्योंकि उसके तुरन्त बाद बहुत जोर का दुन्द गपाड़ा मचने लगा, जिसमें शेष वाक्य डूब कर रह गया। तुरन्त गुरु द्रोण ने हथियार डाल दिये और अर्जुन ने उन पर विजय पाई।

पहला वाक्य "अश्वत्थामा हतों" एक कथनात्मक था।

यदि द्रोणाचार्य पूरा वाक्य सुन पाते तो वह सन्देहात्मक वाक्य कहलाता।

2. राम चरित मानस में एक प्रसंग आता है कि जब रावण दल पर आक्रमण करने से पहले किसी को राजदूत बनाकर भेजा जाये तब जाम्बवन्त ने अंगद की ओर इंगित किया। यह प्रस्ताव सुन कर "अंगद कहहि जाउँ मैं पारा। हिम संशय कछु फिरती बारा।"

अंगद ने कहा कि "मैं पार तो चला जाऊँगा, परन्तु लौटते समय के लिये हृदय में कुछ सन्देह है।"

3. महाभारत का एक प्रसंग है कि अर्जुन अपनी पत्नी सुभद्रा को चक्रव्यूह तोड़ने की विधि बतला रहे थे, तब उसके गर्भ में ही अभिमन्यु सुन रहा था। इतने में ही सुभद्रा सो गई और अर्जुन चक्रव्यूह से लौटने की विधि न बतला पाए।

इसके वर्षो बाद द्रोणाचार्य ने चक्रव्यूह रचा तब उन्हें विश्वास था कि उक्त व्यूह को पाँडवों की ओर से कोई न तोड़ पाएगा, क्योंकि उसे तोड़ने की विधि

केवल अर्जुन ही जानता था, जो उस दिन संसप्तकों की लड़ाई में उलझा हुआ था। तब अभिमन्यु ने कहा कि "मैं चक्रव्यूह तोडूंगा।' युधिष्ठिर से उसने गर्भावस्था वाली कहानी सुनाई तो वे बोले, "कि तुम्हें व्यूह तोड़ने की कला तो आती है, किन्तु उससे बाहर निकलने की विधि नहीं जानते। पहले हमारी इस शंका का समाधान करो, तभी जान पाओगे।" अभिमन्यु बोला कि "जब व्यूह तोड़ दिया, फिर लौट कर निकल आने में क्या रखा है।"

अभिमन्यु को अनुज्ञा मिल गई कि वह चक्रव्यूह को तोड़े। उसने व्यूह तो तोड़ दिया किन्तु फिर बाहर निकल न पाया।

(4) सुनते हैं कि अफीम्चियों को प्यास बहुत लगती है। एक बार दो अफीम्ची एक कमरे में पास पास सो रहे थे। कमरे के कोने में एक घड़ा पानी और एक गिलास रख लिया था। उनमें से एक को प्यास लगी। उसने एक गिलास में पानी लेकर पी लिया। दूसरे को प्यास लगी। उसने भी एक गिलास पानी पी लिया।

जब पहले को फिर प्यास लगी। उसने सोचा कि "इस प्रकार तो बार बार उठना पड़ेगा।" अतः उसने घड़ा उठा कर अपने पेट पर रख लिया और गिलास पास ही में रख लिया। जब दूसरे को प्यास लगी उसने दूसरे के पेट पर घड़ा रखा देखा। सोचने लगा कि "इसने अच्छी तरकीब निकाली। इसे उठ कर जाना नहीं पड़ेगा। लेटे ही लेटे पानी पी लेगा।" उसने घड़ा उठा कर चुपचाप अपने पेट पर रख लिया और सो गया।

थोड़ी देर बाद दूसरा अफीम्ची उठा। उसने देखा कि घड़ा पहले के पेट पर रखा हुआ है। सोचने लगा, "मैंने तो घड़ा अपने पेट पर रखा था, फिर इसके पेट पर कैसे पहुँच गया। तब बारी बारी से अपने और उसके शरीर पर देख कर सोचने लगा कि "मेरा शरीर यह है या यह।"

कुछ वैयाकरण यह समझते हैं कि सन्देहात्मक वाक्य भूत और वर्तमान काल के सम्बन्ध में ही प्रयुक्त होते हैं। हम ऐसा नहीं मानते। उदाहरण लीजिये :—

(1) प्रश्न : वह प्रतिज्ञा कर गया है कि कल अवश्य आएगा। क्या तुम समझते हो कि वह अपनी प्रतिज्ञा पूरी करेगा ?

उत्तर : मुझे इसमें सन्देह है।

(2) मुझे बहुत सन्देह है कि वे इस परीक्षा में पास होंगे।

(घ) **आदेशात्मक वाक्य**—जिस वाक्य के द्वारा कोई आदेश अथवा निदेश किया गया हो, उसे आदेशात्मक वाक्य कहते हैं।

प्रत्यक्ष विधि— माता पिता कि आज्ञा का पालन करो; मधपान मत करो, दुष्टों की संगत छोड़ो; पड़ोसी के घर सान्त्वना देने जाना।

परोक्ष विधि—गुरु का आदर करना चाहिये, जुआ नहीं खेलना चाहिये, बिना सोचे समझे किसी काम में हाथ नहीं डालना चाहिये, मिलो सब से पर किसी की बुराई मत करो।

(1) एक दुकानदार के पास एक पत्रकार पहुँचा और कपड़ा खरीदने लगा। मुल्य उधार रखना चाहता था। दुकानदार ने उधार देने से इन्कार कर दिया। ग्राहक ने कहा, किन्तु तुम औरों को तो माल उधार खाते पर देते हो।" दुकानदार बोला, "स्वर्गीय पिताजी का आदेश था कि बेटा, और किसी का विश्वास कर लेना, पर पत्रकार का कभी विश्वास मत करना।"

पत्रकार लौटने लगा तो दुकानदार के पुत्र ने पिता को इशारे से कहा कि "मैं भली-भान्ति जानता हूँ। यह बहुत ही ईमानदार आदमी है।"

दुकानदार ने ग्राहक को आवाज देकर फिर बुलाया और उसे सौदा उधार ही देने लगा। ग्राहक बोला, "अब क्या बात हो गई जो तुम मुझे उधार देने लगे।"

दुकानदार बोले, "स्वर्गीय पिताजी का आदेश था, कि "बेटा, कसर भले ही खा जाना, पर ग्राहक को हाथ से मत जाने देना।"

(2) पिता जी का आदेश था कि "बेटा, कोई बात कहने से पहले दस तक गिन लिया करो।"

एक दिन बाप बेटा दोनों अँगठी के पास बैठे बातें कर रहे थे कि पिताजी के कोट के कोने में आग लग गई। बेटा दस तक गिनने लगा। जब तक वह दस की संख्या तक पहुँचा आधा कोट जल चुका था।

(3) अंग्रेजों का जमाना था। कांग्रेस की तूती बोल रही थी। जगह जगह विदेशी कपड़े और अंगेजी माल की होली जल रही थी। एक कांग्रेसी सिगरेट पर सिगरेट पी रहा था। उसके एक सहयोगी ने कहा, हैं। "तुम अंग्रेजा सिगरेट पी रहे हो।" वह बोला, "हमारे नेता लोग ही तो कहते हैं कि "अंग्रेजी माल को जला कर खाक कर दो। वही मैं कर रहा हूँ।"

(4) किसी कार्यालय में महात्मा गाँधी का चित्र टँगा था। उनका खुला पंजा था वे किसी बात का उपदेश दे रहे थे।

एक व्यक्ति आया और एक लिपिक से कोई काम करने के लिये कहने लगा। घूस देने के लिये दो रुपये निकाले।

लिपिक बोला, "हैं। महात्मा गाँधी का तो आदेश है कि रिश्वत में पाँच रुपये देने चाहिये।"

कार्यार्थी बोला, "महात्मा जी कभी ऐसी बात नहीं कह सकते थे।"

लिपिक, "वह चित्र देखते हो। महात्मा जी का हाथ का खुला हुआ पंजा स्पष्ट रूप से यह संकेत दे रहा है कि रिश्वत के पाँच रुपये दो।"

(ङ) **प्रश्नात्मक वाक्य**—जिस वाक्य में कोई बात पूछी गई हो और उत्तर की अपेक्षा हो, उसे प्रश्नात्मक वाक्य कहते हैं, जैसे :

क्या कपड़े सूख गये ? वह कलकत्ते से कब लौटेगा ? बिटिया क्या कर रही है ?

कुछ वैयाकरण कहते हैं कि प्रश्नात्मक वाक्यों को निश्चयात्मक वाक्य समझना चाहिये, क्योंकि यद्यपि प्रश्न में किसी बात का निश्चय नहीं होता, परन्तु उत्तर तो निश्चयात्मक है। किन्तु वास्तव में ऐसा नहीं है। उपरिलिखित दूसरे वाक्य का उत्तर यह हो सकता है कि "देखो, कब तक लौटे।" तीसरे का उत्तर कदाचित यह हो कि पता नहीं क्या कर रही है ?"

इसके अतिरिक्त कुछ प्रश्न ऐसे भी होते हैं जिनका कोई उत्तर दिया ही नहीं जा सकता, जैसे :

1. संसार में पहले मुर्गी हुई या अंडा ? पहले बीज हुआ या पेड़ ? सबसे पहले आत्मा का आविर्भाव हुआ या सृष्टि का, या परमात्मा का ?

2. किसी गांव में एक नाई है जो ऐसे प्रत्येक व्यक्ति की हजामत बनाता है जो स्वयं हजामत नहीं बनाता, और ऐसे किसी भी व्यक्ति की हजामत नहीं करता जो स्वयं हजामत बनाता है। क्या वह नाई स्वयं अपनी हजामत करता है ?

3. एक व्यक्ति अपनी एक दिन की दैनिकी (डायरी) दो दिन में लिख पाता है। यदि उसका जीवन अनन्त हो तो क्या वह कभी अपनी दैनिकी पूरी कर सकेगा ?

4. कहते हैं ईश्वर सर्व शक्तिमान है वह जो चाहे सो कर सकता है। क्या वह अपने आपको नष्ट कर सकता है ? अपनी सत्ता को मिटा सकता है ?

5. कुछ लोग ऐसे वस्तुनिष्ठ प्रश्न करते हैं जिनका उत्तर वे "हाँ" या "ना" में ही चाहते हैं। परन्तु कुछ प्रश्न ऐसे भी होते हैं जिनका उत्तर "हाँ" या "ना" में हो ही नहीं सकता :

(क) क्या तुम ने अपने भाई को हंटर से मारना छोड़ दिया ? जिससे ऐसा प्रश्न किया गया हो, यदि वह कभी अपने भाई को हंटर से मारता ही न हो, "हाँ" या "ना" में कैसे उत्तर देगा ?

(ख) क्या तुम ने शराब पीना छोड़ दिया ?

(ग) तुम पुलिस की कैद से कैसे भागे ?

(च) विस्यमात्मक वाक्य ऐसे वाक्य को कहते हैं जिसमें विस्मय अचरज, आवेश, घृणा आदि की अभिव्यक्ति हो जैसे :

अहा । कैसी मनोरम घटा है ।

मार दो गोली निर्लज्ज को ।

हाय कम्बख्त, तूने पी ही नहीं

छि । कैसी गन्दी बात कही है ।

1. एक दिन मैं एक मित्र के साथ ताजमहल देखने गया था । वे अंग्रेजी के बड़े हिमायती थे । बात बात में हिन्दी के ऊपर अंग्रेजी की श्रेष्ठता दिखाते थे । इतने में ही दो अमेरिकन सज्जन आकर खड़े हो गये और ताजमहल की मुर्री के विषय में बातें करने लगे । उननें से एक ने कहा, "ओह जोव । इट इज सो हाई । हे भगवन यह कितनी ऊँची है ।"

सुनते ही मेरे मित्र मुझ से बोले, "देखा आपने । ओह जोव । इन दो शब्दों में कितना कमाल है । क्या आप हिन्दी में ऐसी ही अभिव्यंजना दिखा सकते हैं ?"

मैंने कहा कि "वह तो मैं बाद को दिखाऊँगा । पहले मैं हिन्दी का एक पदबन्ध देता हूँ । उसकी अभिव्यक्ति अंग्रेजी में करके दिखाइये ।"

बोले, "अवश्य दिखाऊँगा । कहिये ।"

मैंने कहा "अरे, दैया रे दैया ।"

वे सुनते ही मुंह फेर कर चल दिये ।

2. एक बार उर्दू की एक महफिल में क़व्वाली हो रही थी । एक सज्जन बैठे हुए थे जो उर्दू नहीं जानते थे, केवल क़व्वाली और गजल का नाम सुन रखा था । मुझ से बोले, "यह क्या कूड़ा, क्रकेट ले बैठे ।" इन से कहिये कि क़व्वाली सुनाएँ । मैंने कहा कि "यह क़व्वाली ही तो थी ।"

इतना सुनते ही उछल पड़े और बोले, "क़व्वाली थी तो वाह, वाह बहुत अच्छी थी । क्या कहने ।"

3. एक लाला जी से किसी सज्जन ने पूछा, कि आप का नाम क्या है ?

लाला जी : झाऊ लाल।

सज्जन: भई वाह, क्या नाम है, लाला के लाला

इंधन के इंधन।

4. दस द्वारे का पींजरा, या में पंछी पौन (पवन)

रहिवे को अचरण यहाँ, गए अचम्भा कौन।

(छ) **इच्छात्मक वाक्य**— ऐसे वाक्य को कहते हैं जिसमें कोई इच्छा, प्रार्थना, आशीष आदि व्यक्त किया जाये जैसे :

भगवान, तुम्हारा भला करे।

तुम जियो हजारों साल, साल में दिन हों पचास हजार।

इसका सत्यानाश हो। (यह विस्मयात्मक भी है)

प्रभु मोरे अवगुन चित न करो।

(1) बच्चों की एक पुस्तक में एक कहानी है कि एक घसियारा रोज घास काट कर लाता था और बाजार में बेच आता था। बुड्ढा हो गया था, घास की गठरी कठिनाई से ही उठा पाता था।

एक दिन रास्ते में थक कर बैठ गया। जब दुबारा जमीन से गठरी उठाने लगा तो उठा नहीं पाया। हताश हो कर बोला, "इस जीवन से तो यही अच्छा है कि ईश्वर मुझे मौत दे दे।"

इतने में ही एक बुड्ढा प्रगट हुआ और बोला, कि "मैं मौत का फरिश्ता हूँ। बोलो मेरे लिए क्या आज्ञा है।" घसियारा पहले तो सकपका गया। फिर संभल कर बोला, "बस इतना चाहता हूँ कि यह गठरी उठा कर मेरे सिर पर रख दो।"

(ii) किसी लकड़हारे ने सुन रखा था कि प्रति दिन एक क्षण ऐसा अवश्य आता है जब मुंह माँगी मुराद पूरी होती है। वह एक मैदान में जाकर बैठ गया। कुल्हाड़ी सामने रख ली और बार बार कहने लगा, "ऐ कुल्हाड़ी सोने की बन जा।"

सैकड़ों बार उपर्युक्त वाक्य दुहराया, यह सोच कर कि कभी तो अपेक्षित क्षण आएगा। जब घंटों बीत गए, तब थक कर चूर हो गया और झुंझलाकर बोला कि "अरी कमबख्त यदि सोने की नहीं होती तो पत्थर की हो ही जा।" उसी समय कुल्हाड़ी पत्थर की हो गई।

(iii) कुछ लोगों की इच्छा शक्ति बहुत प्रबल होती है। स्वामी दयानन्द सरस्वती के पास एक नास्तिक आया करते थे। श्री गुरु दत्त विद्यार्थी। जीवन भर

स्वामी जी उन्हें ईश्वर के अस्तित्व के विषय में समझाते रहे, पर उनकी समझ में न आया। स्वामी जी को किसी ने भोजन के साथ काँच पीस कर खिला दिया था। जब स्वामा जी समझ गये कि उनका अन्त समय निकट है, तो बोले कि "हे ईश्वर, मालूम देता है कि अब तेरी यही इच्छा है। अस्तु, तेरी इच्छा पूरी हो।" इतना कह कर प्राण त्याग दिये।

यह घटना गुरु दत्त जी के सामने घटी। वे स्तम्भित हो गये और बोले कि "एक आस्तिक की मृत्यु इतनी अच्छी होती है।" और वे उसी दिन से आस्तिक हो गये।

(iv) भीष्म पितामह को "इच्छा मृत्यु का वरदान था। जब तक वे स्वयं न चाहते, उनकी मृत्यु नहीं हो सकती थी। जब शिखंडी को उनके सम्मुख खड़ा कर दिया गया, उन्होंने हथियार डाल दिये क्योंकि वे जानते थे कि शिखंडी पिछले जन्म की "अम्बा" नाम की स्त्री है जिसने केवल भीष्म से बदला लेने के लिए ही जन्म लिया हैं, और वे मर्यादा के अनुसार किसी "स्त्री" पर हथियार चला नहीं सकते थे। शिखंडी की आड़ में अर्जुन ने पितामह पर तीर चलाए और उन्हें धराशायी कर दिया। फिर भी उन्होंने प्राण त्याग नहीं किया। वे जानते थे कि जब सूर्य उत्तरायण होता हैं, तभी मरना शुभ होता है। और उस समय सूर्य दक्षिणायण थे। अत: वे कुछ दिन तक प्राण रोके रहे। जब सूर्य उत्तरायण हुए तब अपनी इच्छा से प्राण त्याग किया।

(v) एक व्यक्ति सड़क पर जा रहा था। रास्ते में प्रत्येक ताँगे वाला पूछता था कि "बाबूजी, कहाँ जाना है ?" इसे सवारी नहीं चाहिए थी यह कहते कहते थक गया कि कहीं नहीं जाना हैं।"

एक ताँगे वाला और मिला। उसने पूछा कि "बाबू जी, कहाँ जाना है ?"

वह व्यक्ति बोला "जाना है जहन्नुम में।"

ताँगे वाले ने कहा, "आ जाओ मेरे ताँगे के नीचे।"

(ज) **संकेतात्मक वाक्य**—ऐसे वाक्य को कहते हैं जिसमें किसी काम का होना न होना किसी अन्य काम पर निर्भर होता है, जैसे :

यदि तुम कहो तो मैं आऊँ। यदि अब भी पानी बरस जाये तो फसल अच्छी हो जाये। यदि काटो तो खून नहीं।

(1) एक छात्र : क्यों जी, यदि व्याकरण न होता तो क्या होता ?

दूसरा छात्र : हमारा हाई स्कूल का पाठमान हलका हो जाता।

(2) तीन विद्यार्थी विचार कर रहे थे कि आज हॉकी मैच देखें, या सिनेमा जायें, या छात्रावास में बैठ कर पढ़ें।

अन्त में निश्चय यह हुआ कि पैसा उछाल कर निर्णय किया जाये। निर्णय की शर्त यह थी :

"यदि सन गिरे तो हॉकी का मैच देखेंगे, यदि मूरत गिरे तो सिनेमा चलेंगे; और यदि किनारे के बल खड़ा हो जाये तो पढ़ेंगे।"

(3) प्रेमी का पत्र, प्रेयसी के नाम "मैं तुम्हारे लिये पहाड़ खोद सकता हूँ; मैं तुम्हारे लिये सितारे तोड़ कर ला सकता हूँ; मैं तुम्हारे लिये समुद्र लाँघ सकता हूँ।"

अन्त में : सन्ध्या समय मिलने आउँगा, यदि पानी न बरसा तो।

(4) एक लोकोक्ति : यदि घर वाले न मरते तो फ्रांस तक खाटें बिछतीं।

(5) हुई मुद्दत कि गालिब मर गया पर याद आता है।

वह हर एक बात पर कहता कि "यूं होता तो क्या होता।"

कुछ वैयाकरण वाक्यों का एक अन्य वर्ग बनाते हैं : नकारात्मक, अर्थात नहिक वाक्यों का। हमारे विचार में यह आवश्यक है। प्राय: सभी वाक्यों को हम नहिक रूप दे सकते हैं। उपरिलिखित वर्गों में से प्रत्येक वर्ग के एक वाक्य से हम संगत नहिक वाक्य बनाते हैं।

आज बदली न है—नहिक कथनात्मक

कल सूरज पूरब में नहीं उगेगा—नहिक संभावनात्मक

वह घर से नहीं चली होगी—नहिक सन्देहात्मक

गुरु का अनादर नहीं करना चाहिये—नहिक आदेशात्मक

क्या कपड़े नहीं सूखे—नहिक प्रश्नात्मक

छटा मनोरम नहीं है ! नहिक विस्मयात्मक

भगवान तुम्हारा भला न करे—नहिक इच्छात्मक

यदि तुम कहो तो मैं न आऊँ—नहिक संकेतात्मक

□

अध्याय-5

क्रिया प्रयोग

शब्द भेदों में सब से अधिक विकार क्रिया पदों में ही लेते हैं। अतः इनके प्रयोग में लेखकों को विशेष सावधानी बरतनी चाहिये। परन्तु हम देखते हैं कि इस क्षेत्र में बड़ी अराजकता फैली हुई है। बड़े बड़े दिग्गज भी असावधानी में गलतियाँ कर जाते हैं। पंडित किशोरी दास बाजपेयी अपनी पुस्तक "ब्रजभाषा व्याकरण" के पृष्ठ 11 पर लिखते हैं। "इनकी बनावट में तथा प्रकृति आदि में समानता का होना स्वाभाविक है ही।"

इस विषय में से या तो "ही" निकाल देना चाहिये, अन्यथा है ही का हेर फेर कर देना चाहिये।

पृष्ठ 28 पर यह वाक्य आता है

"इसी तरह संचय को सम-चय या अभ्युदय को अभि-उदय नहीं लिखा-बोला जा सकता है।

इस वाक्य में "है" अनावश्यक तो है ही, भद्दा भी लगता है।

इसी ढंग का एक वाक्य जैनेन्द्र की कहानी "वह अनुभव" में आता है—
"उस स्थिति को हर्ष या विषाद नहीं कहा जा सकता है।"

इस ढंग के नकारात्मक वाक्यों के अन्त में "है" का आना शिवर सम्मत नहीं।

आजकल "रखना" क्रिया पद की बड़ी मट्टी पलीद हो रही है। इसके कई उदाहरण तो हम अपनी पुस्तक "मानक हिन्दी" में दे चुके हैं। हम देखते हैं कि बड़े बड़े धुरन्धर लेखक भी इस क्रिया का एक प्रकार से दुरुपयोग ही करते हैं। हम प्रेमचन्द जी की कहानियों में से दो एक उदाहरण देते हैं—

(क) प्रेम चन्दजी की कहानी "ईदगाह" में यह वाक्य आता है" उसके पेट के अन्दर डाल दिया जाये, बेतुकी सी बात होने पर भी कुछ नयापन रखती है।

हम तो पिछले वाक्य को इस रूप में लिखना पसन्द करेंगे—बेतुकीसी बात है, फिर भी उसमें कुछ नयापन तो है ही।"

(ख) अंग्रेजी साहित्य का क्या पूछना। कविता में तो वह अपना जोड़ नहीं रखता—प्रेचन्द (लेखक)

हमारे विचार में इस वाक्य को यूं लिखा जाये—कविता में तो उसका कोई जोड़ नहीं है, अथवा कविता में तो वह बेजोड़ है।

जैनेन्द्र की कहानी "पानवाला" में यह वाक्य आता है "मैं रईस नहीं पर जँचाव बुरा नहीं रखता।"

हमें तो यह वाक्य बहुत ही बेतुका लगता है। डा० शिवप्रसाद सिंह अपनी पुस्तक "हिन्द का निखार तथा परिष्कार—1 पृष्ट 127 पर लिखते हैं—"इसी से यह भी पता चल जायेगा कि 1805-6 में उनकी भाषा कैसी थी और शैली कैसी वे रखते थे ?"

कुछ लेखक हिन्दी की प्रकृति पर ध्यान दिये बिना मनमाने ढंग से क्रियाओं का प्रयोग कर देते हैं। दो एक नमूने देखिये—

(क) डा० राम कुमार वर्मा अपनी पुस्तक "कबीर का रहस्यवाद" (राधाकृष्ण प्रकाशन) के पृष्ठ 82 पर लिखते हैं, "कबीर का रहस्यवाद अपनी विशेषता लिये हुए है।"

(ख) उसी पुस्तक के पृष्ठ 75 पर यह वाक्य आता है—"अनन्तसत्ता के सामने जीव अपने को इतने समीप ला देता है कि उसकी साधारण भावना में अनन्त शक्ति की अनुभूति होने लगती है।

(ग) भीष्म साहनी की कहानी "निशाचर" में यह वाक्य आता है—"जांबिया से मैं हिन्दुस्तान लौट रहा था। हवाई जहाज को कराँची के रास्ते हो कर जाना था।"

जब लेखक जांबिया से स्वदेश हिन्दुस्तान लौट रहा था तो उसके हवाई जहाज को कराँची के रास्ते हो कर "जाना" नहीं था, "आना" था।

अब आप जरा डा० भोलानाथ तिवारी की बानगी देखिये—उनकी एक पुस्तक है—"अच्छा हिन्दी कैसे बोलें, कैसे लिखें।" उक्त पुस्तक के पृष्ठ 148 पर यह वाक्य आता है—"उन्होंने कमीजें सिलीं।" यह रचना हमें बिल्कुल बेतुकी दिखाई देती है। हमारे पास जितने कोश हैं, उनमें से किसी में भी सिलना क्रिया का कर्तवाच्य प्रयोग नहीं देखा।

(ख) पृष्ठ 53 पर आप लिखते हैं "वस्तुतः भाषा की प्रकृति के अनुकूल एक वाक्य को दो में जोड़ने या दो को एक में मिलाने में भी भाषा-प्रयोक्ता को कभी संकोच नहीं करना चाहिये।"

स्पष्ट है कि इस वाक्य में जोड़ने के बदले तोड़ने आना चाहिये।

(ग) इसी पृष्ठ पर एक वाक्य और भी ध्यान देने योग्य है "कभी-कभी हरियाणा आदि कुछ क्षेत्रों के लोग बलार्थक प्रत्यय ही को शब्द को तोड़ कर बीच में ला देते हैं, जो नहीं करना चाहिये।"

"ला देते हैं" क्रिया का प्रयोग यहाँ जँचता नहीं।

"सकना" क्रिया पद की भी बड़ी दुर्दशा हो रही है। "सकना" में "शक्यता" का भाव तो निहित है ही, तिस पर भी बहुत से लेखक दुहरा क्रिया-पद बनाते हैं— "संभव हो सकना।"

(क) श्रीमती महादेवी वर्मा की पुस्तक "स्मृति की रेखाएँ" पृष्ठ ५८ पर यह वाक्य आता है—"संभव ही नहीं हो सका।"

हमारे विचार में या तो लिखना चाहिये संभव ही नहीं हुआ या "नहीं हो सका।"

(ख) इस ढंग के प्रयोग की पराकाष्ठा शिवानी के इस वाक्य में दिखाई पड़ती है, जो उसने "के" नामक कहानी में लिखा है; "ये ऐसी पहेली है, जिसे सुलझा सकना संभव नहीं हो सकता है।" यहाँ तीन शब्दों का प्रयोग हुआ है। जिनका लगभग एक ही भाव है। हम तो इस वाक्य को यूं लिखेंगे—"ये ऐसी पहेली है, जिसे सुलझाना असंभव है।"

(ग) अब दूसरे प्रकार का प्रयोग देखिये—"बस कर सकता ही नहीं।"

जैनेन्द्र "पानवाला"

कुछ लोग "पाना" क्रिया का भी दुरुपयोग करते है। देखिये जैनेन्द्र के दो वाक्य

(क) "शायद इसी से हो कि जब चाँदनी चौक में पहुँचता हूँ, तभी पानवाला मुझे पा लेता है।"

(ख) वे इसमें-बहुत मग्नता पा सकते हैं।

जैनेन्द-"एक टाइप"

□

अध्याय-6

क्रियाओं के भेद

क्रियाओं के दो भेद

कुछ क्रियायें ऐसी होती हैं, जिनका फल कर्ता तक ही सीमित रहता है, जैसे-गाड़ी चली, बच्चा रो रहा है, उसकी साँस उखड़ गई, अतिथि कल जायेगा।

इस सभी क्रियाओं का फल कर्ता पर ही पड़ता है। पहले उदाहरण में-गाड़ी चलती है। गाड़ी के चलने का संबंध किसी और से नहीं है। दूसरे उदाहरण में-बच्चा स्वयं रो रहा है। उसका फल, जहाँ तक इस वाक्य का संबंध है, किसी और पर नहीं पड़ रहा है। इसी प्रकार तीसरे और चौथे उदाहरण में भी क्रिया का फल कर्ता तक ही सीमित है। ऐसी क्रियाएँ अकर्मक कहलाती हैं।

जिन क्रियाओं का फल कर्ता से निकल कर किसी दूसरे व्यक्ति अथवा वस्तु पर पड़ता है, वे सकर्मक क्रियाएँ कहलाती हैं। जैसे-राम ने बच्चे को पीटा। यहाँ पीटने का फल बच्चे पर पड़ा। बच्चा कर्म कहलायेगा और पीटना सकर्मक क्रिया। इसी प्रकार-मैं कल चिट्‌ठी भेजूंगा, राम ने रावण को मारा था और राजा ने अपने एक मित्र को मंत्री बना दिया। इन उदाहरणों में सारी क्रियायें सकर्मक हैं और चिट्‌ठी, रावण और मित्र तथा मंत्री सब कर्म कहलायेंगे। यजमान ने पंडित को पाँच रुपये दक्षिणा में दिये। यहाँ पंडित और पाँच रुपये दोनों कर्म कहलायेंगे। पाँच रुपये जो अप्राणीवाचक है, मुख्य कर्म-कहलायेंगे और पंडित को गौण कर्म कहेंगे। ऐसी क्रियायें द्विकर्मक कहलाती हैं।

कुछ क्रियायें अपूर्ण होती हैं। यदि हम कहें कि त्यादा बीमार पड़ गया, तो केवल इतना कह देने से कि त्यादा पड़ गया, ठीक मतलब नहीं निकलेगा। "पड़ गया" अकर्मक क्रिया है, किन्तु अपूर्ण है। "बामार" उसका पूरक कहलायेगा। इसी प्रकार लोमड़ी चालाक है, उक्त साधु तो जासूस निकला' नौकर देखने में तो सीधा है, पर है बड़ा मक्कार। इन सब वाक्यों में क्रियायें अकर्मक है और इनके पूरक हैं क्रमश: चालाक, जासूस और मक्कार।

कुछ सकर्मक क्रियायें भी अपूर्ण होती हैं। जैसे-दुर्योधन ने कर्ण को अंग देश का राजा बना दिया, पिता ने पुत्र को बुलाया, बच्चे ने अपने मित्र को खिलौने दिखाये। इन वाक्यों में ये शब्द क्रमश: पूरक है- राजा, पुत्र, खिलौने।

अब हम एक ऐसे प्रश्न पर आते हैं जो हमारे विचार में विवादग्रस्त नहीं है, परन्तु कुछ विद्वानों ने उसे जबर्दस्ती विवादग्रस्त बना दिया है। पंडित किशोरी दास वाजपेयी ने अपनी पुस्तक हिन्दी शब्दानुसार के पृष्ठ 423 पर ये वाक्य दिये;

(1) राम काशी गया।

(2) लड़की वृन्दावन गई।

(3) तुम घर आये।

(4) हम भी घर आ गये।

बाजपेयी जी ने इन चारों वाक्यों में गया, गई, आये, आ गये सबको सकर्मक क्रियायें बताया हैं और काशी, वृन्दावन, घर को इन क्रियाओं के कर्म बताया है। यह बात हमारे गले नहीं उतरती। जब हम किसी प्राणी अथवा वस्तु पर कोई क्रिया करते हैं तब उक्त प्राणी या वस्तु उक्त क्रिया के कर्म कहलाते हैं। जैसे लड़के ने बच्ची को मारा। इसमें बच्ची पर कोई क्रिया की गई, अतएव बच्ची कर्म कहलायेगी। परन्तु राम काशी गया। इस में काशी पर तो कोई क्रिया नहीं हुई, काशी तो ज्यों की त्यों रह गई, काशी को कर्म कैसे कह सकते हैं। लोग यह कह सकते हैं कि यदि काशी की जनसंख्या पहले दस लाख थी वो राम के पहूँचने से दस लाख एक हो गई हैं। इस प्रकार काशी में एक परिवर्तन आया। परन्तु इस तर्कहीन युक्ति को तर्क नहीं कहेंगे। धींगामुश्ती भले ही कह दें। यदि नौकर दुकान चला गया और वहाँ जाकर बैठ गया, तो भी यह कह सकते हैं कि उसने दुकान पर कोई क्रिया की। परन्तु इस प्रकार तो यदि हम बैठे से खड़े हो जायें, तो भी हमारे शरीर से जो वायु संपर्क में आयेगी वो उद्वेलित होगी, और उसका प्रभाव संसार भर की वायु पर पड़ेगा। परन्तु व्यावहारिक दृष्टि से हम यह नहीं कह सकते कि हमने वायु पर कोई क्रिया की।

अब देखिये श्री ओम प्रकाश शर्मा की पुस्तक :
हिन्दी व्याकरण नवमूल्यांकन-सूर्य प्रकाशन, नई सड़क, दिल्ली-6

उक्त पुस्तक के पृष्ठ 240 पर शर्मा जी ने एक वाक्य दिया है, "पिता जी गाँव गये हैं।" और गॉव को कर्म बताया हैं। पृष्ठ 241 पर आपने लिखा है कि "अकर्मक सकर्मक की पहचान के लिये वाक्य की क्रिया से क्या, कहाँ, किसको या किसे प्रश्न करने चाहिये। वाक्य इनके उत्तर दे, तो क्रिया सकर्मक होगी, अन्यथा अकर्मक। हम उक्त पृष्ठ से यह उद्धरण देते हैं :

वाक्य	प्रश्न	उत्तर	क्रिया
1. बच्चे घर चले गये।	कहाँ चले गये।	घर	सकर्मक
2. नौकर बच्चे को बाजार ले गया।	किसको ले गया। कहाँ ले गया।	बच्चे को बाजार	द्विकर्मक

हम इस कथा से बिल्कुल सहमत नहीं है। हमारे विचार में यदि क्रिया से क्या अथवा किसको का उत्तर मिले तो क्रिया सकर्मक है। किन्तु यदि कहाँ कब या कैसे का उत्तर मिले तो क्रिया अकर्मक है। और तत्संबंधी शब्द क्रिया के कर्म नहीं है, पूरक हैं।

कुछ क्रियायें अकर्मक और सकर्मक दोनों रुपों में चलती हैं जैसे :—

क्रिया	अकर्मक	सकर्मक
1. भरना	फुइयों फुइयों तालाब भर जाता है।	श्रवण कुमार घड़ा भर रहा था, जब उसको महाराजा दशरथ का तीर लगा।
2. खुजलाना	आज हथेली खुजला रही है आशा है कुछ प्राप्ति होगी।	खुजलाना मत, अन्यथा जख्म फिर हरा हो जायेगा।
3. लजाना	ससुर आयेगा तो वह लजायेगी नहीं।	जुआ खेल कर क्यों हमें लजाते हो।

कभी कभी क्रिया का फल कर्ता पर ही पड़ता है, फिर भी क्रिया सकर्मक कहलाती है। जैसे—"तुम ऐसा कह कर अपने को ही गालियाँ दे रहे हो।" इसमें गालियाँ अपने ऊपर ही पड़ रही हैं परन्तु फिर भी व्याकरण की दृष्टि से कर्ता और कर्म एक दूसरे से अलग हैं। "तुम कर्ता है, और "अपने को" कर्म है। ये दोनों शब्द एक ही व्यक्ति के वाचक हैं, फिर भी व्याकरणिक विचार से दोनों का अस्तित्व अलग अलग है।

कभी कभी अकर्मक क्रिया के व्यापार का प्रयोग कर्म के रुप में होता है, तो अकर्मक क्रिया भी सकर्मक बन जाती है। जैसे उसने अनोखी चाल चली, झांसी की रानी ने बड़ी लड़ाइयाँ लड़ीं।

कभी कभी इसका उलटा भी होता है, अर्थात सकर्मक क्रिया भी सकर्मक के रुप में प्रयुक्त होती है। जैसे-मैं तो कह रहा हूँ, पर वह सुने तब न। पाठशाला में 7 छात्र पढ़ते हैं।

वो क्या सुनता है, ये उपरिलिखित वाक्य से पता नहीं चलता। इसी प्रकार छात्र क्या पढ़ते हैं, इसका उल्लेख नहीं है। इन वाक्यों में कर्ता के स्पष्ट उल्लेख की आवश्यकता नहीं, इसीलिए नहीं दिये गये।

कुछ क्रियायें त्रिकर्मक भी होती हैं जैसे—माँ खाना बनाती है। इसमें खाना कर्म है, क्रिया एक कर्मक है। माँ बेटे को खाना खिलाती है। इसमें दो कर्म हैं। खाना मुख्य कर्म है, और बेटा गौण कर्म। ऐसी क्रिया द्विकर्मक कहलाती है। माँ बावर्चिन से बेटे को खाना खिलवाती है। इसमें तीन कर्म हैं। खाना मुख्य कर्म है और बेटा तथा बावर्चिन दोनों गौण कर्म हैं। ऐसी क्रिया को त्रिकर्मक कहते हैं।

अध्याय-7

वाच्य

हम ऊपर कह आये हैं कि सामान्यत: प्रत्येक वाक्य के दो भाग होते हैं—उद्देश्य और विधेय। जिस प्राणी अथवा वस्तु के विषय में कोई बात कही जाये, वह उद्देश्य कहलाता है और जो बात कही जाये उसे विधेय कहते हैं। उद्देश्य सामान्यत: संज्ञा या सर्वनाम होता है और विधेय में कोई क्रिया अवश्य होती है। किसी वाक्य में अन्य शब्द-भेद भी हो सकते हैं, जैसे कर्म, उद्देश्य विस्तार, क्रिया-विस्तार आदि। जिस वाक्य में प्रमुखता कर्ता की होती है, उसे कर्तृवाच्य कहते हैं। जैसे : चिड़िया उड़ गई, पड़ोसी कल जायेगा, चोर का पता नहीं चला, निरीक्षक महोदय आ रहे हैं, पेड़ खेत के बीचों बीच में खड़ा है।

इन सब वाक्यों में मुख्य रूप से कर्ता का ही विधान किया गया है। अब दूसरे प्रकार के वाक्य को देखिये, जैसे बाजा बज रहा है, चोर को पीटा जा रहा है, कोट सिल गया, शत्रु की गर्दन कट गई। इन सब वाक्यों में मुख्यत: कर्म के विषय में विधान किया गया है, अत: ये वाक्य कर्मवाच्य कहलायेंगे।

कुछ वाक्य होते हैं, जिनमें प्रमुखता न कर्ता की होती है, न कर्म की बल्कि भाव की। जैसे अब तो गर्मी के मारे बैठा भी नहीं जाता, न रोगी से खाना खाया जाता है, न पानी पिया जाता है, यहाँ तो बात करना भी पाप है। इन सब वाक्यों में न कर्ता की प्रधानता है, न कर्म की। पहले वाक्य में बैठना, क्रिया के विषय में विधान किया गया है। दूसरे में खाना और पानी के विषय में है। ऐसे वाक्यों को भाववाच्य कहते हैं। कर्तृवाच्य अकर्मक और सकर्मक दोनों प्रकार की क्रियाओं में होता है। कर्मवाच्य सकर्मक क्रियाओं में होता है, और भाववाच्य केवल अकर्मक क्रियाओं में होता है।

भाववाच्य सदैव एक वचन, पुलिंग, अन्य पुरुष में रहता है।

सामान्यत: हम किसी भी सकर्मक क्रिया को कर्मवाच्य रूप दे सकते हैं जैसे—राम ने रावण को मारा, इस वाक्य को हम इस रूप में भी लिख सकते हैं—राम रावण के द्वारा मारा गया। अध्यापक ने विद्यार्थी को पुस्तक दे दी। यहाँ हम कह सकते हैं कि अध्यापक द्वारा विद्यार्थी को पुस्तक दे दी गई। पुलिस ने चोर को पीटा, अथवा चोर पुलिस द्वारा पीटा गया। ये सब कर्मवाच्य कहलायेंगे।

परन्तु हम किसी अकर्मक क्रिया को कर्मवाच्य नहीं बना सकते क्योंकि उसमें तो कर्म होता ही नहीं।

पंडित किशोरी दास वाजपेयी के इस वाक्य पर फिर से विचार कर लीजिये। "राम काशी गया।" इसको कर्मवाच्य कैसे बनायेंगे। इसी प्रकार श्री ओम प्रकाश शर्मा के निम्नलिखित वाक्यों को जो हमने ऊपर दिये हैं, हम कर्मवाच्य के रूप में ढाल ही नहीं सकते;

(क) पिता जी गाँव गये हैं।

(ख) बच्चे घर चले गये।

(ग) नौकर बच्चे को बाजार ले गया।

ये अकाट्य प्रमाण हैं इस बात का कि इनमें कर्म है ही नहीं। किन्तु ये इन प्रश्नों का उत्तर देते हैं; पिता जी कहाँ चले गये ?

बच्चे कहाँ गये ?

नौकर बच्चे को कहाँ ले गये ?

अतः इनमें गाँव, घर और बाजार तीनों क्रियाओं के पूरक हैं।

तीसरे वाक्य में यदि पूछा जाये, कि नौकर किसको बाजार ले गया, तो इसका उत्तर है बच्चे को। अतएव बच्चा कर्म है। हम उक्त वाक्य को इस रूप में कर्मवाच्य बना सकते हैं, कि बच्चे नौकर द्वारा बाजार ले जाये गये हैं। परन्तु इस रूप में कर्मवाच्य नहीं बना सकते जिसमें मुख्य रूप से बाजार का विधान हो।

हिन्दी में कर्मवाच्य का प्रयोग कुछ विशेष स्थितियों में ही होता है :

(1) कर्ता पर जोर देने के लिये—

(ल) बाली राम के द्वारा मारा गया—यदि कोई पूछे कि बाली किसके द्वारा मारा गया, तो उत्तर होगा, राम के द्वारा।

(ख) चोर गाँव वालों के द्वारा पकड़ा गया।

किसके द्वारा—गाँव वालों के द्वारा, पुलिस के द्वारा नहीं।

(2) आदेश, कानूनी भाषा आदि में, जैसे—

(क) ऐसे अपराधी को सख्त सजा दी जायेगी।

(ख) इस हेतु यह अन्तिम वसीयत नामा लिखा जाता है।

(3) भविष्य की तैयारी के रूप में, जैसे—

(क) जब ऐसी स्थिति होगी, तब निपट लिया जायेगा ।

(ख) वर्ष अच्छी होने पर बोनस दिया जायेगा ।

(ग) एक-एक से समझ लिया जायेगा ।

(4) अशक्यता अथवा शक्तिविधान के प्रसंग में—

(क) मुझसे जन्माष्टमी का व्रत रखा न जायेगा ।

(ख) अब तो रोगी से उठा भी नहीं जाता ।

(ग) यह काम मुझ से सधेगा नहीं ।

(5) जब कर्ता अज्ञात हो, अथवा उसे व्यक्त करना अनावश्यक हो, जैसे—

(क) आतंकवादियों को मार दिया गया है ।

(ख) डकैती के मुकदमें का फैसला परसों सुनाया जायेगा ।

अंग्रेजी के व्याकरणों में वाच्य विवेचन के बाद अभ्यास के किये कुछ वाक्य दिये जाते हैं । विद्यार्थियों को उनके वाच्य बदलने के लिये निर्देश दिया जाता है । हिन्दी में ऐसा नहीं होता । यहाँ तो कुछ वाच्य सामान्यतः कर्तृ रूप में ही चलते हैं और कुछ कर्म रूप में ही । एक वाक्य लें—पिता ने पुत्र को पीटा । यदि इस वाक्य को कर्म रूप दें, तो कहना होगा कि पुत्र पिता द्वारा पीटा गया किन्तु ऐसा वाक्य हिन्दी की प्रकृति के अनुकूल नहीं पड़ता ।

हिन्दी में तो कर्मवाच्य का प्रयोग कुछ गिनी-चुनी स्थितियों में ही होता है, किन्तु आजकल ये नई प्रवृति दृष्टिगोचर हो रही है कि जिसे देखो, कर्मवाच्य का प्रयोग कर रहा है, चाहे उसकी आवश्यकता हो चाहे न हो । इस सम्बन्ध में देखिये हमारी पुस्तक—"मानक हिन्दी" मैकमिलन कम्पनी आफ इण्डिया लिमिटेड ।

उक्त पुस्तक में हमने इस प्रकार के वाक्यों के बहुत से उदाहरण दिये हैं—यहाँ हम केवल एक उदाहरण और देते हैं—

"काफी आगे तक बढ़ कर बातें कर ली गई हैं ।"

—जैनेन्द्र कुमार (जान्हवी)

□

अध्याय-8

प्रयोग

कुछ लेखक क्रिया के उस रूपान्तर को कर्मवाच्य कहते हैं, जो कर्म के लिंग, वचन और पुरुष के अनुसार परिवर्तित हो। इन वाक्यों पर विचार कीजिये।

(क) लड़की आम खायेगी। (ख) लड़का आम खायेगा।
(ग) लड़के आम खायेंगे। (घ) मैं आम खाऊँगा।
(ङ) तुम आम खाओगे। (च) स्त्रियाँ आम खायेंगी।

इनमें से प्रत्येक वाक्य में क्रिया कर्ता के अनुरूप बदलती है। लड़की एक वचन स्त्रीलिंग अन्य पुरुष है, अत: क्रिया है खायेगी।

मैं प्रथम पुरुष—अतएव क्रिया है खाऊँगा।

तुम-मध्यम पुरुष—अतएव क्रिया है खाओगे।

इसी प्रकार सारी क्रियायें हैं। अब इन वाक्यों पर विचार कीजिये—

उसने चने चबाये। चाची ने तरबूज खाया।
लड़कों ने बाटियाँ खाई। क्या तुमने पेड़ा खाया?
उन्होंने बीज खाये।

इन सब वाक्यों में क्रिया कर्म के लिंग, वचन के अनुसार बदलती है। अत: ऐसे लेखकों के विचार से ये क्रियायें कर्मवाच्य में हैं। यद्यपि श्री कामता प्रसाद गुरु की जो परिभाषा हमने ऊपर दी है, उसके अनुसार ये सब कर्तृवाच्य हैं। ऐसी क्रियाओं को कर्मणि प्रयोग कहते हैं।

एक अन्य वाक्य लीजिये—

मैंने यह अलमारी पसन्द की है। स्पष्ट है कि कर्ता मैं है, और कर्म अलमारी। अब इसी वाक्य को इस रूप में रखिये—

यह अलमारी मुझे पसन्द है।

अलमारी जो कर्म थी, (और अब भी है) उद्देश्य बन गई है। अत: यह वाक्य कर्म-वाच्य है। इसी प्रकार यह वाक्य भी—

कढ़ी मुझे अच्छी लगती है।

क्या तुम्हें नीम के पत्ते कड़वे नहीं लगते?

बच्ची को इमली की चटनी पसन्द है।

ये सब वाक्य कर्तृवाच्य किन्तु कर्मणि प्रयोग हैं।

इस सम्बन्ध में बाजपेयी जी की पुस्तक "हिन्दी शब्दानुशासन" पठनीय है। आप पृष्ठ 408 पर लिखते हैं—

"जब कर्ता के अनुसार क्रिया रूप ग्रहण करती है, तो कर्तृवाच्य कहलाती है और जब कर्म का अनुगमन करती है, तो कर्मवाच्य। कर्तृवाच्य को ही कर्तरि प्रयोग कहते हैं और कर्मवाच्य को कर्मणि प्रयोग।"

बाजपेयी जी की इस उक्ति से सहमत होना बहुत कठिन है। इस बिषय में श्री ओम प्रकाश शर्मा का व्याकरण पठनीय है। आप पृष्ठ (   ) पर लिखते हैं—

"मुख्य रूप से यही समझना चाहिये कि वाच्य का सम्बन्ध वाक्य में कर्ता कर्म या भाव की प्रधानता से है, और प्रयोग का सम्बन्ध वाक्य की क्रिया के कर्ता या कर्म के अनुसार या तटस्थ रहने से है। वाच्य में यह देखना होता है कि क्रिया का मुख्य उद्देश्य अर्थात प्रधान विषय कर्ता है, या कर्म या भाव। प्रयोग में यह देखना होता है कि क्रिया के लिंग, वचन और पुरुष किसके अनुसार हैं, कर्ता कर्म या भाव के। यह समझना भारी भूल है कि कर्तृवाच्य सदैव कर्तरि प्रयोग होता है, कर्मवाच्य सदैव कर्मणि प्रयोग होता है, और भाववाच्य सदैव भावे प्रयोग होता है।"

यह बात नीचे दिये उदाहरणों से स्पष्ट हो जाती है —

(1) **कर्तृवाच्य और कर्तरि प्रयोग**

(क) मोहन खाना खा रहा है। (ख) बच्ची रो रही है।

(2) **कर्मवाच्य और कर्मणि प्रयोग**

(क) रोगी से दाल भी नहीं खाई जाती।

(ख) तुम से इतना सा काम भी न हो पाया।

(3) **भाववाच्य या भावे प्रयोग**

(क) गर्मी के मारे नींद नहीं आती। (ख) उस से तो चला भी नहीं जाता।

(4) **कर्तृवाच्य किन्तु कर्मणि प्रयोग**

(क) पिता ने रोटी खाई। (ख) माँ ने अचार बनाया।

(5) **कर्तृवाच्य किन्तु भावे प्रयोग**

(क) कैकेयी ने राम को वनों में भेजा। (ख) रानी ने बच्चों को हँसाया।

(6) **कर्म वाच्य किन्तु भावे प्रयोग**

(क) रोगी को अस्पताल भेजा जायेगा।

(ख) चोर पकड़ लिया गया और उसे सजा मिल गई।

स्पष्ट है कि वाच्य और प्रयोग में अन्तर है। यद्यपि उक्त अन्तर को पकड़ पाना कहीं-कहीं पर कठिन होता है।

अध्याय-9

क्रिया के रूपान्तर

क्रिया वास्तव में अमूर्त वस्तु है। इसका न कोई लिंग होता है, न वचन न पुरुष। तथापि, वाक्यों में तो इसका प्रयोग किसी न किसी रूप में करना ही होगा। अतः कभी यह लिंग, वचन और पुरुष के विषय में कर्ता का पल्ला पकड़ती है, कभी कर्म का और कभी दोनों में से किसी का भी नहीं।

(क) संज्ञा और सर्वनाम की तरह क्रिया के भी दो लिंग (पुल्लिग-स्त्रीलिंग) दो वचन (एक बचन-बहुवचन) तथा तीन पुरुष (प्रथम-मध्यम-अन्य) होते हैं। पुल्लिग एक वचन का प्रत्यय "आ", पुल्लिग बहुवचन का प्रत्यय "ए", स्त्रीलिंग एक वचन का प्रत्यय "ई" है और स्त्रीलिंग बहुवचन का प्रत्यय "ई" अथवा "ई हैं" होता है।

(ख) पुरुषों में "मैं" और "हम" के साथ आने वाली क्रिया प्रथम पुरुष की, "तू" और "तुम" के साथ आनेवाली मध्यम पुरुष की तथा अन्य सभी संज्ञा, सर्वनामों के साथ आने वाली क्रियायें अन्य पुरुष की कहलाती हैं।

लिंग के अनुसार

पुल्लिग	**स्त्रीलिंग**
कृष्ण आता है।	रूक्मिणी आती है।
मोहन आया।	किरण आई।
वह आता है।	वह आती है।
मैं आता हूँ।	मैं आती हूँ।

वचन के अनुसार

एक वचन	**बहु वचन**
बच्चा आता है।	बच्चे आते हैं।
मनुष्य आता है।	मनुष्य आते हैं।
मैं आता हूँ।	हम आते हैं।
वह आती है।	वे आती हैं।

पुरुष के अनुसार

प्रथम पुरुष	मध्यम पुरुष	अन्य पुरुष
मैं आता हूँ ।	तू आता है ।	वह आता है ।
हम आते हैं ।	तुम आते हो ।	वे आते हैं ।
मैं आती हूँ ।	तू आती है ।	वह आती है ।
हम आती हैं ।	तुम आती हो ।	वे आती हैं ।

(1) यदि वाक्य में कर्ता और कर्म दोनों विभक्तिरहित हों, तो क्रिया के लिंग, वचन और पुरुष कर्ता के अनुसार होते हैं ।—इसे कर्तृ प्रयोग कहते हैं जैसे—सोहन पुस्तक पढ़ता है । राधा मेला देखती है । हम ताश खेलते हैं ।

(2) यदि वाक्य में कर्ता "ने" विभक्ति रहित हो और कर्म विभक्तिरहित हो तो क्रिया के लिंग, वचन तथा पुरुष कर्म के अनुसार होते हैं । इसे कर्मणि प्रयोग कहते हैं । जैसे—

सुरेन्द्र ने आम खाया ।
लड़की ने भैरवी गाई ।
हमने शेर देखा ।

(3) यदि वाक्य में कर्ता "ने" विभक्ति के साथ, और कर्म "को" या किसी अन्य विभक्ति के साथ, हों, तो क्रिया सदा पुल्लिग, एक वचन तथा अन्य पुरुष की होती है, इसे भाव प्रयोग कहते हैं । जैसे—

लड़के ने बिच्छू को मार दिया ।
अध्यापक ने विद्यार्थी को बुलाया ।
हमने यात्री को पुकारा ।

अध्याय-10

काल

काल का अर्थ है समय। क्रिया का वह रूप जो क्रिया के होने का समय बताता है, उसे काल कहते हैं। जैसे—

लड़की आई थी; लड़की आ रही है; लड़की आयेगी।

पहले गाक्य में बीते हुए समय का संकेत है। दूसरे में जो समय बीत रहा है, उसका, और तीसरे में जो समय आने वाला है उसका संकेत है। स्पष्ट है कि इस प्रकार काल के तीन भेद होते हैं—

जो समय बीत गया उसको भूतकाल,

जो बीत रहा है, उसे वर्तमान काल और

जो आने वाला है उसे भविष्यत काल कहते हैं।

जैसा ऊपर लिख चुके हैं, वर्तमान काल केवल एक क्षीण रेखा होती है। हम उक्त काल को पकड़ नहीं सकते। हमारे बात करते करते वह बीत जाता है। अतएव व्यावहारिक दृष्टि से हमारा सम्पर्क भूतकाल और भविष्यतकाल से ही होता है। यह तो रही आदर्श की बात। स्थूल रूप से हम किसी आपेक्षिक रूप से लम्बे काल को ही वर्तमान काल कहते हैं, जैसे आजकल के समय में बड़ी महंगाई है। वर्तमान पीढ़ी के लड़के बड़े नटखट होते हैं। यदि पृथ्वी की आयु अथवा विश्व की आयु का उल्लेख हो तो वर्तमान काल सैकड़ों वर्ष का भी हो सकता है।

यूं तो काल अनन्त है किन्तु व्यावहारिक सुविधा के लिए हमें उसके तीन भाग करने ही पड़ते हैं। यद्यपि हम तीनों की कोई सुनिश्चित विभाजक रेखाएँ नहीं बना सकते। काल विभाजन दो आधारों पर किया जा सकता है—

(1) भूतकाल और भविष्यत काल की निकटता तथा दूरी के आधार पर जैसे— मैंने खाना खाया है। इस वाक्य से स्पष्ट है कि मुझे खाना खाये बहुत देर नहीं हुई है। इसी प्रकार लड़की ने पत्र लिखा है, पिता जी दुकान गये हैं, है, हैं, हूँ आदि चिह्न हैं भूतकाल की निकटता के। इसको आसन्न भूतकाल कहते हैं।

आसन्न भविष्यत काल का प्रयोग तब होता है, जब कोई काम शीघ्र होने वाला है। जैसे—वो आ रहा है, अथवा उक्त काम हुआ ही समझो। परीक्षा आरम्भ होने

ही वाली है। ये सब वाक्य इस बात के द्योतक हैं कि कोई काम निकट भविष्य में ही होने की आशा है।

(2) किसी व्यापार की पूर्णता अथवा अपूर्णता के आधार पर जैसे—

पूर्णभूत—पक्षी आया था, परीक्षा हो चुकी थी, मैं व्यायाम कर चुका था।

अपूर्णभूत—डाक्टर आ रहा था, परीक्षा समाप्त होने वाली थी, वो खाना खा ही चुका था।

अपूर्ण वर्तमान—वह पत्र लिख रही है, तोता टाँय-टाँय कर रहा है, अतिथि भोजन कर रहा है।

अपूर्ण भविष्यत—वह खा रही होगी, बच्चे खेल रहे होंगे, नाई उसकी हजामत बना रहा होगा।

वैयाकरणों ने भूतकाल के कई भेद किये हैं।

(1) **सामान्य भूतकाल**—

यदि वाक्य से केवल इतना पता चले कि कोई क्रिया हो चुकी है, किन्तु कितनी देर पहले हुई, इसका कोई ज्ञान प्राप्त न हो तो उसे सामान्य भूतकाल कहते हैं। जैसे—

लड़की ने गाना गाया, पिता जी दुकान गये, माँ ने बच्ची को दूध पिलाया।

सामान्य भूतकाल की क्रिया लिंग और वचन के आधार पर बदलती है, किन्तु पुरुष के आधार पर नहीं बदलती। जैसे—

बालिका आई, बालक आया, सारे बालक चले गये।

मैं बोला, तू बोला, वह बोला।

(2) **आसन्न भूतकाल**—इसके उदाहरण ऊपर दे चुके हैं।

(3) **पूर्ण भूतकाल**—इस काल से यह सूचना मिलती है कि तत्सम्बन्धी व्यापार काफी पहले हो चुका है। इस प्रकार की क्रिया के चिह्न था, थी, थे होते है। जैसे—
बच्चा रोया था।

लड़का स्कूल गया था। लड़की ने कविता सुनाई थी। हमारी माता जी मेला देखने गई थीं।

इस काल में अभी या अभी-अभी जोड़ने से यह आसन्न भूतकाल का भी काम दे देता है। जैसे—

अभी कल की ही बात है कि वो पैदा हुआ था, अभी-अभी मैंने सुना है कि विद्रोही को फाँसी लग गई।

(4) **अपूर्ण भूतकाल**— इस प्रकार के काल से केवल इतना ज्ञान होता है कि कोई व्यापार आरम्भ हुआ है। वह पूर्ण हो पाया था नहीं, इसका पता नहीं चलता है। जैसे—नर्तकी नाच रही थी, बच्चा टेनिस खेल रहा था, तोते मिर्च खा रहे थे।

स्पष्ट है कि इस काल के चिन्ह हैं—रहा था, रही थी, रहे थे आदि।

कभी-कभी यह काल आसन्न भूत काल का भी काम दे देता है। जैसे—मैं तो अभी खिचड़ी ही बना रहा था, कि आप आ गये, वो चल ही रहा था, कि गाड़ी ने सीटी दें दी।

अपूर्ण भूतकाल की क्रिया में कर्ता सामान्यत: विभक्ति रहित रहता है। और क्रिया के लिंग, वचन आदि कर्ता के अनुसार ही रहते हैं। जैसे—बकरी पानी पी रही थी। श्री राम वन में जा रहे थे। सीता, गीता का पाठ कर रही थी।

इस काल में कर्म कभी विभक्ति सहित आता है, कभी विभक्ति रहित। किन्तु दोनों दशाओं में क्रिया के लिंग, वचन आदि कर्ता का ही पल्ला पकड़ते हैं। जैसे—बच्चे साँप को मार रहे थे, वो अभिनेत्री को देख रही थी, वह न जाने क्यों पुलिस से झगड़ रहा था।

(5) **संदिग्ध भूतकाल**— क्रिया के इस रूप में यह संदेह सूचित होता है कि कदाचित कोई व्यापार हुआ होगा किन्तु निश्चय नहीं हो पाता। जैसे—

उसने घर का काम तो कर लिया होगा, माता जी पूजा कर चुकी होंगी, बच्ची ने गेन्द खेली होगी।

अकर्मक क्रिया में संदिग्ध भूतकाल की क्रिया के लिंग और वचन कर्ता के अनुसार चलते हैं। जैसे—लड़की गई होगी, पिता जी आ गये होंगे। बच्चा चला होगा।

सकर्मक क्रिया में कर्ता के विभक्ति सहित आने पर क्रिया के लिंग और वचन कर्म के अनुसार रहते हैं। जैसे—बच्चे ने आम खाया होगा, लड़की ने पुस्तक पढ़ ली होगी, तुम ने घर का काम तो कर लिया होगा।

सकर्मक क्रिया के कर्ता और कर्म, दोनों विभक्ति सहित आने पर क्रिया सदैव पुल्लिग और एक वचन में रहती है। जैसे—पिता ने पुत्र को मारा होगा, रूक्मिणी ने कृष्ण को मनाया होगा, बन्दर ने बच्ची को काटा होगा।

(6) **हेतु हेतु मद भूत काल अथवा संकेतात्मक भूत काल**

इस काल में एक व्यापार दूसरे व्यापार के होने न होने पर आधारित होता है। जैसे—

यदि मुझे पता होता तो मैं भी बाजार जाता, यदि पोतोहू गई होती तो वह मन्दिर में प्रसाद भी चढ़ाती आती, यदि तुमने परिश्रम किया होता तो पास हो जाते।

संकेतात्मक भूत काल में क्रिया का रूपान्तर केवल लिंग और वचन के कारण होता है, पुरुष के कारण नहीं। जैसे—

वो कहता, तो मैं भी चलती, मैं जाता तो वो भी आती, हम खाते तो वो भी खाती।

क्रिया अकर्मक हो या सकर्मक, उसके लिंग-वचन कर्ता के अनुसार ही चलते हैं। तुम कहते, तो मैं पुस्तक खरीद लाता, वो आम खाता तो मैं भी खाता।

वर्तमान काल—वर्तमान काल के तीन भेद माने गये हैं—

(1) **सामान्य वर्तमान काल**—क्रिया के जिस रूप से किसी व्यापार के होने का द्योतन होता है, उसे सामान्य वर्तमान काल कहते हैं। इससे यह निश्चित रूप से पता चलता है कि उक्त व्यापार साधारणतया होता ही रहता है। जैसे—

बच्चा रोता है, अम्माँ गाना गाती है, पोतोहू पत्र लिखती है।

इन वाक्यों से यह निश्चित रूप से पता चलता है कि उक्त व्यापार होते ही रहते हैं। यद्धपि यह नहीं कह सकते कि कब होते हैं, कहाँ होते हैं।

सामान्य वर्तमान काल में अकर्मक और सकर्मक दोनों प्रकार की क्रियाओं में प्रयुक्त होता है। इसमें कर्ता सदैव विभक्ति रहित होता है और लिंग और वचन उसी के अनुसार चलते हैं। जैसे—

लड़का पढ़ता है, गीता रामायण पढ़ती है, बच्चा हँसता है, अध्यापक विद्यार्थी को डाँटता है, गृहणी भिखारी को खाना खिलाती है, लड़की आम खाती है।

क्रिया के इस रूप का प्रयोग सामान्य प्राकृतिक सत्य, सिद्धान्त कथन और स्वभाव चित्रण में होता है। जैसे—

प्राकृतिक सत्य—सूर्य पूरब में निकलता है, पृथ्वी चौबीस घंटे में अपने अक्ष के चारों ओर एक चक्कर काट लेती है।

सिद्धान्त कथन—दुष्टों का स्वभाव है, दूसरों की निन्दा करना; चोर का स्वभाव है चोरी करना। क्रिया पद में किसी काम का करना या होना पाया जाता है।

स्वभाव चित्रण— उसका लड़का गाली देता है, तुम कभी झूठ बोलती हो, तुम तो सती सवित्री हो, बटुक नाथ हुक्का पीता है।

यह काल और भी कई प्रकार के वाक्यों, में प्रयुक्त होता है। जैसे—

निकट भविष्य— ठहरो, मैं भी चलता हूँ, बैठो, चाय आ रही है, मैं तुझे अभी समझाता हूँ ।

सतत वर्तमान—वह सबेरे व्यायाम किया करता है, संध्या समय मैं रामायण का पाठ करता हूँ, वे रविवार को कार में सैर करने जाते हैं।

सुदूर भूत—महात्मा गाँधी कहते हैं, मंच पर कंस के आते ही पटाक्षेप हो जाता है।

2. **अपूर्ण वर्तमान**—इस काल से यह पता चलता है कि क्रिया का व्यापार आरम्भ तो हो चुका है किन्तु अभी पूरा नहीं हुआ है, चल ही रहा है। जैसे—

नर्तकी नाच रही है, मैं पत्र लिख रहा हूँ, पताजी सो रहे हैं।

अपूर्ण वर्तमान में भी कर्ता सदैव विभक्ति रहित रहता है और क्रिया कर्ता के अनुसार ही चलती है। जैसे—

कुसुम बच्चे को पीट रही है, लड़के चिड़िया घर देख रहे हैं, वह उसकी खिल्ली उड़ा रही है, अभिनेता सो रहा है।

इसका प्रयोग कभी-कभी निकट भविष्य अथवा सानत्य के लिये भी होता है।

निकट भविष्य— बस आ ही रहा हूँ, अब गाड़ी छूटने ही वाली है, बन्दर कूदा ही समझो ।

सानत्य—देश की दशा निरन्तर गिरती जा रही है। खेती की स्थिति में निरन्तर सुधार होता जा रहा है।

3. **संदिग्ध वर्तमान**—क्रिया के इस रूप में यह निश्चय नहीं हो पाता कि वास्तव में तत्संबंधी व्यापार हुआ या नहीं। जंसे—

मास्टर जी बच्चों को पढ़ा रहे होंगे, इस वक्त तक मोहन घर छोड़ चुका होगा ।

क्रिया का यह रूप तीनों कालों में प्रयुक्त होता है। जैसे—

भूतकाल—राजस्थान में तो सदैव धूप निकलती होगी, वह खेल रहा होगा, तुमने उसे नहीं देखा होगा।

वर्तमान काल—वह बड़ा पढ़ाकू है, इस समय भी पुस्तकों से चिपका बैठा होगा, वो लड़की लेख लिख रही होगी।

भविष्यत काल— जब मैं कल आऊँगा, तुम कदाचित सो रहे होंगे, परसों इस समय तुम गंगा स्नान कर रहे होंगे।

भविष्यत काल—भविष्यत का अर्थ है आने वाला समय। क्रिया का यह रूप भविष्य के विषय में सूचना देता है, जैसे—लड़की गेंद खेलेगी, पिता जी भोजन करेंगे, ब्राह्मण विवाह में जायेगा।

भविष्यत काल के भी तीन भेद होते हैं :—

सामान्य भविष्यत—क्रिया के इस रूप में यह सूचना मिलती है कि साधारणतया ऐसा ही होता है। किन्तु निश्चय नहीं होता कि कब होगा। जैसे—लड़का स्कूल जायेगा, बच्ची गेंद खेलेगी, में परीक्षा तो दूंगा। सामान्य भविष्यतकाल की क्रिया के लिंग वचन कर्ता के अनुसार चलते हैं।

अकर्मक और सकर्मक में कोई अन्तर नहीं पड़ता।

अकर्मक—वो हँसेगा, लड़की गायेगी, पिता जी बाजार जायेंगे।

सकर्मक—लड़का क्रिकेट खेलेगा, गायिका गज़ल गायेगी, रामा खाना खायेगा।

2. **संभाव्य भविष्यतकाल**—

इस काल में यह आशा अथवा सम्भावना रहती है कि कोई क्रिया होने वाली है परन्तु निश्चय नहीं हो पाता, संदेह की गुन्जायश रहती है जैसे—

शायद वह लौट कर आ जाये, सम्भव है आज छुट्टी हो जाये,
देखो चलूँगा, चलूँगा नहीं चलूँगा, नहीं चलूँगा।

संभाव्य भविष्यत काल में लिंग के कारण कोई परिवर्तन नहीं होता जैसे—लड़का शायद ही खाये, लड़की शायद ही खाये, पता नहीं पिता जी बोलें, न बोलें, पता नहीं माता जी बोलें, न बालें।

संभाव्य भविष्यत का प्रयोग इच्छा, कामना, अनुमति प्रश्न आदि के लिये भी होता है जैसे—इच्छा-भगवान अब तो सुन ले, किसी प्रकार इस वर्ष तो तुम पास हो जाओ।

कामना—भगवान तुम्हारा भला करे, तुम चिरंजीवी हो।

अनुमति—तो मैं मेला देखने जाऊँ। आपकी अनुमति हो तो वह भी चले।

प्रश्न—सारी दुनिया जाये अकेला मैं न जाऊँ।

यदि तुम खाओगे तो मैं भी खाऊँगा। कुछ वाक्य ऐसे होते हैं जो इनमें से एक से अधिक तत्वों में आ जाते हैं जैसे—इच्छा और कामना में या प्रश्न और अनुमति में।

3. हेतु हेतु मद भविष्यत काल :

इस काल में दो व्यापारों का उल्लेख रहता है जिनमें से एक का होना न होना दूसरे के होने न होने पर निर्भर रहता है जैसे :—

यदि वह बुलायेगा तो मैं चला जाऊँगा। जितना गुड़ डालोगे उतना ही मीठा होगा, अच्छे कर्म करोगे तो अच्छा फल मिलेगा। इस काल में लिंग, वचन के कारण रूपान्तर होता है, पुरुष के कारण नहीं होता जैसे—

लिंग—तू कहेगी तो मैं चला चलूंगा, श्याम कहेगा तो चली चलूंगी।

वचन—तू कहेगी तो मैं खाऊँगा। तू कहेगी तो हम खाएँगे।

पुरुष—मैं बोलूंगा तो तुम बोलोगे। वह बोलेगा तो तुम बोलोगे।

क्रिया माला शीर्षक सूची

1. अटकना
2. कोसना
3. टँगना
4. पटना
5. बनना
6. बनाना
7. मलना
8. मिलाना
9. संभलना
10. संभालना
11. सजाना
12. सटाना
13. सड़ना
14. सड़ाना
15. सपरना
16. समेटना
17. सुहाना
18. सौंपना
19. स्वीकारना
20. हड़पना

क्रिया मालाएँ

(1) अटकना

अटकना, उलझना, फँसना, हिलगना

यूं तो चारों शब्दों में काम करते करते किसी कारण रूक जाने का भाव है परन्तु यह कारण चारों क्रियाओं के लिये अलग अलग प्रकार के हो सकते हैं।

अटकना—(1) किसी कार्य अथवा अभिदेश के लिये रुकना। यदि हम किसी काम से जा रहे हैं और मार्ग में कोई मित्र मिल गया तो शिष्टाचार के नाते उससे बात करने के लिये रूक जाना पड़ेगा। हमसे किसी मित्र ने कहा कि कहीं पर वह भी हमारे साथ चलना चाहता है। हम उसकी बाट देख रहे हैं। अतएव जब तक वह नहीं आयेगा हमें रूकना पड़ेगा। यह भी अटकना कहलायेगा।

(2) कभी कभी हमारे काम में बाधा या कठिनाई आन पड़ती है जिसके लिये रूक जाना पड़ता है।

(3) हम कहीं के लिये जाना चाहते हैं और चलने से पहले किसी से कहा सुनी होने लगी। उसी कारण हमको रूक जाना पड़ेगा। यह भी अटकना कहलाता है।

(4) कुछ लोगों की जिह्वा साफ नहीं होती। शब्द कठिनाई से निकलते हैं। हम कहते हैं कि वह अटक-अटक कर बोलता है। जब हम कोई भाषा सीखते हैं तो काफी दिनों तक उसे फर्राटे से नहीं पढ़ पाते, रूक रूक कर अटक अटक कर पढ़ते हैं। कभी कभी खाते खाते कोई ग्रास हलक में अटक जाता है या कोई तिनका दाँतों में अटक जाता है।

उलझना—किसी रोकने वाले तत्व में फँस जाना जैसे झाड़ झखाड़ में कपड़ा उलझना। डोर उलझना।

विशेष प्रयोग—बातों में उलझना, आँखों का उलझना—किसी के प्रेमपाश में पड़ना।

उलझन—झंझट, बखेड़ा या कठिनाई।

फँसना—किसी झंझट या बखेड़े में पड़ना जैसे मुकदमें में फँसना।

हिलगना (1) अटकना

(2) उलझना, फँसना—उसकी पतंग की डोर हमारी मुंडेर में हिलक गई।

(3) परचना या घनिष्टता होना जैसे बच्चा माँ से हिलग गया है अब अलग नहीं रह सकता। इसको "हिलना" भी कहते हैं।

सटना—बहुत पास, आ कर बैठना, सटना।

(2) कोसना

कोसना   सरापना

कोसना का मुख्य अर्थ है, गालियाँ देना। एक प्रयोग है—पानी पी पी कर कोसना। इसका अर्थ यह मालूम देता है कि कोई निरन्तर गालियाँ देता चला जा रहा है। जब मुँह सूख जाये और बोलने में कठिनाई होने लगे तो पानी पी ले और फिर कोसने लगे।

महाभारत में एक प्रसंग आता है जिसमें कृष्ण ने शिशुपाल से कहा था कि "तेरी सौ गालियों तक क्षमा कर दूंगा।" शिशुपाल ने भरी सभा में कृष्ण जी को गालियाँ देनी आरम्भ कीं। कृष्ण जी सहन करते चले गये और गालियाँ गिनते रहे। शिशुपाल भी अकड़ में गालियाँ देता चला गया। कृष्ण जी गालियाँ गिनते जा रहे थे। जब पूरी सौ हो चुकीं, और शिशुपाल ने अगली गाली दी, तब कृष्ण जी ने सुदर्शन चक्र चला कर शिशुपाल की गर्दन काट दी।

कोसना और सरापना में एक विवक्षा सामान्य है किसी को श्राप देना, किसी के अनिष्ट की कामना करना। रामायण और महाभारत में श्राप और वरदान के बहुत से उदाहरण मिलते हैं। कदाचित उन दिनों में लोगों की आत्मा शुद्ध होती थी और शुद्ध विचार होते थे। इसीलिये श्राप और वरदान फलीभूत हुआ करते थे। भक्तों के श्राप को भगवान तक स्वीकार कर लेते थे। उदाहरणार्थ—जब नारद जी को मोह हुआ था, और वो विवाह करने के बहुत इच्छुक हो गये थे तब भगवान विष्णु ने उन्हें शिक्षा देने के लिये उनका मुंह बन्दर का सा बना दिया था। परिमाणतः नारद जी को बड़ा अपमान सहन करना पड़ा था। तब उन्होंने विष्णु जी को श्राप दिया था, कि तुम भी पत्नी के विछोह में बहुत दुख पाओगे। परिणाम स्वरूप जब भगवान विष्णु राम के रूप में आये, तब उन्हें सीता जी का विछोह सहन करना पड़ा।

(3) टँगना

टँगना—टँगने में प्रमुखता इस बात की है कि उक्त वस्तु का ऊपरी भाग किसी वस्तु से बांधा या टिकाया हुआ है। यदि उसका स्थान परिवर्तन करना चाहें तो बन्धन को खोलना पड़ेगा। यदि कोई वस्तु खूंटी पर टँगी हुई है तो उसे खूंटी से उतार कर दूसरी खूंटी पर उसी प्रकार टाँगना होगा। किन्तु यदि डोरी कुएँ में लटकाई गई हो तो उसे जब चाहें, ऊपर खींच सकते हैं या नीचे ढील सकते हैं। इतना तत्व दोनों क्रियाओं में सामान्य है। किन्तु दोनों के अर्थों में सूक्ष्म अन्तर है। इन वाक्यों पर ध्यान दीजिये।

कोट खूंटी पर टँगा है।

डोरी कुएँ में लटक रही है।

चित्र कील पर टँगा है।

धोती छत से लटक रही है।

विशेष प्रयोग—लड़के को पतंगबाजी का शौक है। दिन भर छत पर टँगा रहता है।

लटकना—(क) इस शब्द के कुछ विशेष अर्थ भी हैं। जैसे—

पिछली बरसात में छज्जा लटक गया है। तुम्हारे बैठने से मोटर लटक जाती है। ऐसे प्रयोगों में लटकना का अर्थ झुकना होता है।

(ख) असमंजस में पड़ना या पड़े रहना जैसे बरसों से तुम्हारा मुकदमा लटका हुआ है. प्रार्थना-पत्र देने पर, मामला महीनों के लिए लटक गया। शिथिल रूप में हम एक शब्द का दूसरे के स्थान पर प्रयोग कर जाते हैं। हम झाड़ के सम्बन्ध में टँगने और लटकने दोनों का प्रयोग कर सकते हैं परन्तु यदि कोई बच्चा छत पर खतरनाक स्थिति में है और गिरने वाला है तो हम कहेंगे "बच्चा मुन्डेर से लटक रहा है।" परन्तु यहाँ टँगना पद का प्रयोग नहीं होगा किन्तु कपड़ों के विषय में हम दोनों पदों का प्रयोग कर सकते हैं।

विशेष प्रयोग—उसके पाँव कब्र में लटके हुए हैं फिर भी लालसा कम नहीं है।

(4) **पटना**

निभना पटना

इन दोनों अकर्मक क्रियाओं में एक विवक्षा समान है (1) दो व्यक्तियों में साहार्दपूर्ण व्यवहार बने रहना जैसे—आजकल तो उन दोनों में खूब पट रही है। क्या भाइयों में फिर निभने लगी।

पटना—

(2) पाटा जाना, जैसे गड्ढा तो कूड़े से पट गया है।

(3) बहुत अधिक भर जाना; अत्यधिक आपूर्ति हो जाना जैसे बाजार तो केले से पट गया है।

(4) छाजन या पाटन पड़ना जैसे—छत अभी पट गई या नहीं।

(5) ऋण चुकता हो जाना जैसे – अब तो उसका सारा ऋण पट गया। अब वह निश्चिन्त हो गया है।

(6) लेन देन, खरीद बिक्री आदि के सम्बन्ध में क्रेता और विक्रेता में सहमति हो जाना जैसे—आखिर सौदा पट ही गया।

निभना—निभना के शेष अर्थ—

(1) किसी प्रतिज्ञा अथवा आदेश का पूरा होना जैसे—मुझे आशा नहीं थी परन्तु रात के दो बजे का महूर्त निभ गया : महाराजा दशरथ की जान पर बन आई फिर भी उनका वचन तो निभ ही गया। ऐसे कबतक निभेगी। देखो जब तक निभ जाये। हमारा उनका अनुबंध एक दिन का भी नहीं था फिर भी बरसों निभ गया।

(3) किसी कार्य का पूरी तरह निष्पादित होना। उत्सव का पाँच सौ रुपये में सम्पन्न होना बहुत ही कठीन था फिर भी किसी प्रकार निभ ही गया।

"रचना" स्त्री० (सं०) का अर्थ तो वही है जो बनाना का, परन्तु इसमें कुछ अन्य विवक्षायें भी आकर जुड़ गई हैं। बनाना तो हम किसी भी वस्तु के विषय में प्रयुक्त कर सकते हैं किन्तु रचना का प्रयोग अधिकतर ऐसी वस्तुओं के लिए होता है जिनमें कौशल अथवा चतुराई की आवश्यकता पड़ती है और तैयार की हुई वस्तु सुन्दर और आकर्षक हो जैसे—कविता रचना, वाक्य रचना, ग्रन्थ रचना। जब हम संसार का उल्लेख करते हैं तो भगवान को उसका रचयिता कहते हैं न कि बनाने वाला। इसके अतिरिक्त रचि-रचि का प्रयोग मुहावरे के रूप में भी होता है। हम कहते हैं कि मूर्तिकार ने बड़ी सुन्दर मूर्तियाँ रच-रच कर शिल्पालय बनाया है। यों हम उसे मूर्ति-मन्दिर भी कह सकते हैं। यदि किसी कवि को अधिक मान देना चाहते हैं तो पूछते हैं कि य कैसी रचना है। इस प्रकार रचना का प्रयोग संज्ञा रूप में भी होता है जैसे—ताजमहल शाहजहाँ की रचना है। कभी कभी रचना शब्द बनावट के लिये भी प्रयुक्त होता है जैसे—यह इमारत तो मुगल कालीन है किन्तु इसके गुम्बद की रचना हिन्दू मन्दिरों जैसी है।

(5) **बनना**

निर्माण

बनना

बनना—(अ) सकर्मक क्रिया "बनाना" का अकर्मक रूप है। अतएव इसके अधिकतर अर्थ तो "बनाना" के अर्थों से ही निकल आयेंगे। कुछ अन्य अर्थ हम यहाँ देते हैं :—

(क) उपलब्ध होना जैसे—इस सौदे में हमारे सौ रुपये बन गये।

(ख) रामलीला में तुम क्या बनोगे, राम या लक्ष्मण।

(ग) कृत्रिम व्यवहार करना जैसे अब तुम हमसे भी बनने लगे हो। सच्ची बात क्यों नहीं बताते।

विशेष प्रयोग और मुहावरे

(1) बने रहना —सकुशल रहना जैसे कोई फकीर दुआ देता है : आपके बच्चे बने रहें।

(2) बन ठन कर—बन सँवर कर—गहने आदि से सुसज्जित होकर बन पड़ना। बन पड़ा तो आज शाम को आऊँगा।

(3) प्राणों पर आ बनना—जान जोखिम में पड़ जाना

अगरचे जान पे बन गई मोहब्बत में।
किसी के आगे न रक्खा कभी गिला दिल का।

(4) बन आना—अब तो तुम्हारी बन गई आई है। तुम्हारे चाचा कोतवाल हो गये हैं।

(5) बनी रहना—संबंध अच्छे रहना—या रब बने बनी में हमेशा बनी रहे। अब तो सुनते हैं तुम्हारी बड़े भाई से बनने लगी है।

(6) काम पूरा होना—जैसे भी बनेगा मैं आऊँगा अवश्य।

(7) बनने लगना—पारस्परिक व्यवहार अच्छे हो जाना।

(8) इस संबंध में गालिब के ये शेर पठनीय है।

नुकताचीं है गमे दिल उसको सुनाये न बने।
क्या बने बात जहाँ बात बनाये न बने।।
मैं बुलाता तो हूँउसको मगर ऐ जज्बा-ए-दिल।
उस पे बन जाये कुछ ऐसी कि बिन आये न बने।।
बोझ वो सर से गिरा है कि उठाये न उठे।
काम वो आन पड़ा है कि बनाये न बने।।

"निर्माण पु० (सं०) का अर्थ भी है तो बनना ही किन्तु ये ऐसी वस्तुएँ तैयार करने का धोतक हैं जिसके बहुत से छोटे 2 अंश इकटठे करके विशेष क्रम से लगाये जायें जैसे किले या या महल का निर्माण।

यदि कोई फिल्म निर्माता किसी पुरानी फिल्म की कहानी लेकर एक नया रूप देता है तो उसे पुराने चित्र का पुनर्निर्माण कहते हैं।

निर्माण कभी कभी ऊँचे प्रसंगों में भी प्रयुक्त होता है जैसे साहित्य निर्माण, काव्य निर्माण, चरित्र निर्माण। कभी कभी हम विद्यार्थियों से यह भी कहते हैं कि आप लोगों को केवल इतिहास पढ़ना ही नहीं है आप तो स्वयं इतिहास का निर्माण करेंगे।

(6) बनाना

रचना

बनाना सकर्मक क्रिया है जिसके कई अर्थ हैं ।

(1) किसी वस्तु को सता अथवा अस्तित्व में लाना । सबसे बड़ा बनाने वाला तो भगवान है । जिसने यह संसार बनाया है । एक पुराना शेर है :—

तारीफ उस खुदा की जिसने जहाँ बनाया ।
कैसी जमी बनाई, क्या आसमाँ बनाया । ।

इसी अर्थ के अन्तर्गत आते हैं, मकान बनाना, मशीन, इंजन या कारखाना बनाना । इसी प्रकार मोजा, बनियाइन बनाना, सन्दूक बनाना, पेटी बनाना आदि । इसी कार्य अर्थ के थोड़े विस्तृत अर्थ में आयेगा नियम बनाना, कानून बनाना, सिद्धान्त बनाना आदि ।

(2) इसी से मिलते जुलते अर्थ में आयेंगे खिलौने, मूर्तियों और मिट्टी के बर्तन बनाना इत्यादि । साथ ही चित्र बनाना, तसवीर बनाना आदि :—

एक मैं हूँ कि लिया अपनी ही सूरत को बिगाड़ ।
एक तुम हो जिसे तसवीर बना आती है । ।

(3) आटे से रोटी बनाना, चीनी से शर्बत बनाना, गुड़ के मालपुए बनाना ।

(4) मरम्मत करना, ठीक करना जैसे कलम बनाना, घड़ी बनाना, डाक्टर द्वारा आँख बनाना ।

(5) कोई विशेष प्रक्रिया करके देखने योग्य अथवा सुन्दर रूप देना जैसे बाल बनाना, दाढ़ी बनाना, नाखून बनाना

(6) विकार, दोष आदि दूर करके किसी वस्तु को ऐसा रूप देना कि प्रयोग में आ सके जैसे पछोड़ या फटक कर अनाज बनाना ।

(7) किसी खेल अथवा विशिष्ट प्रक्रिया में आन्तिक स्थिति तक पहुँचा देना जैसे हाकी में गोल बनाना, क्रिकेट में रन बनाना, ताश में रमी बनाना, तुरुप का इक्का बनाना, कोट बनाना, शतरंज में प्यादे का वजीर बनाना आदि ।

(8) किसी पद पर आसीन करना या अधिकार आदि देकर प्रतिष्ठित करना जैसे किसी संस्था का अध्यक्ष बनाना, सभा का सभापति बनाना, दत्तक पुत्र बनाना, धर्म बहन बनाना आदि ।

(9) किसी की प्रवृत्ति बदलना अथवा विरोधी रूप में लाना जैसे किसी कॉग्रेसी को जनता दल का सदस्य बनाना, नास्तिक को आस्तिक बनाना, मित्र को शत्रु बनाना आदि ।

विशेष प्रयोग और मुहावरे

बना कर लिखना—धीरे धीरे प्रयत्न पूर्वक सुन्दर अक्षरों में लिखना।

बना बनाया —जैसे बना बनाया काम बिगाड़ देना, बनी बनाई बात बिगाड़ देना। यदि कोई गरीब अंधा पैदा हो तो उसका बना बनाया नाम होगा सूरदास और बना बनाया काम भीख मांगना—प्रेमचन्द।

किसी से बनाये रखना—संबंध बिगड़ने न देना।

तसवीर बनाता हूँ तकदीर नहीं बनती।

जिसके सिर पर हाथ रख दिया उसे आदमी बना दिया।

बात बनाना—(क) तुम्हारे सद्व्यवहार ने बिगड़ी हुई बात बना दी।

(ख) तुम्हें बात बनाना खूब आता है।

मुँह बनाना—(क) बाँसुरी तो तैयार है केवल मुँह बनाना रह गया है।

(ख) सौ रुपये का नाम सुनते ही उसने मुँह बना दिया।

बनाना—मजाक उड़ाना—आज तुमने उसे इतना बनाया कि बेचारा रो दिया।

(7) **मलना**

गूंधना	मलना	सानना

सानना और गूंधना—इन दोनों सकर्मक क्रियाओं में एक अर्थ सामान्य है: किसी चूर्ण को तरल पदार्थ में मिला कर मिश्रित कर देना। जैसे—आँटा गूंधना। इसी को आँटा माँड़ना या सानना भी कहते हैं।

(2) सानना का एक अर्थ और भी है।:कोई उपकरण सान पर तेज करना। लाक्षणिक अर्थ। राम चरित मानस में जब पार्वती जी शिव जी से बात कर रही थी तब यह दोहा आता है :—

पुनि पुनि प्रभु पद कमल गहिं जोरि पंकरुह पानि।
बोली गिरिजा बचन बर मनहुँ प्रेम रस सानि॥

भावार्थ : बार बार स्वामी के चरण कलमों को पकड़ कर और अपने कमल के समान हाथों को जोड़ कर पार्वती जी मानों प्रेम रस में सान कर सुन्दर बचन बोलीं।

सानना का एक अर्थ और भी है—किसी को दोषमुक्त करना जैसे—मुझे इस मामले में क्यों सानते हो। मैं तो निर्दोष हूँ।

मलना—यों तो इस शब्द का प्रयोग आँटा गूंधने के अर्थ में भी आता है परन्तु इसके अन्य अर्थ ऊपर के दोनों शब्दों के अर्थों से बिल्कुल भिन्न हैं।

(1) कोई पदार्थ किसी अन्य पदार्थ पर लगाना और बार बार रगड़ना जैसे—शरीर पर तेल मलना या साबुन मलना।

(2) लेप करना—जैसे-शरीर पर मिट्टी का लेप करना। टोंडी पर हींग मलना।

(3) बार बार दबाते हुए रगड़ना जैसे हथेली पर सुर्ती मलना।

(4) खुजली मिटाने अथवा किसी अन्य उद्देश्य से हाथ फेरना जैसे आँखें मलना।

विशेष प्रयोग तथा मुहावरे

हाथ मलना—पश्चाताप करना

कान मलना—दंड देना

(8) **मिलाना**

मिलाना समोना

मिलाना—मिलना का सकर्मक रूप है। इसके भी कई अर्थ होते हैं।

(1) एक पदार्थ का दूसरे में डाल कर उससे एकाकार कर देना। मिश्रित कर देना जैसे—

चाय में चीनी मिलाना।

दाल में नमक मिलाना।

(2) एक पदार्थ को दूसरे पदार्थ में इस प्रकार डाल देना कि दोनों का पृथक अस्तित्व बना रहे जैसे—गेहूँ में जौ मिलाना। तुमने दोनों प्रकार की पुस्तकें मिला दी हैं। अब छाँटना कठिन हो गया है।

(3) किसी व्यक्ति या दल को अपने दल में सम्मिलित कर लेना। रावण ने सुग्रीव के विषय में यह कहा था कि "इस योद्धा को चतुराई से हम अपनी ओर मिला लेंगे।"

(4) दो या अधिक वस्तुओं या तत्वों का आकृति रूप, गुण आदि में मेल बैठाना। उनके गुणों में समाजंस्य स्थापित करना जैसे—तबले और सारंगी को तो मिला लो।

जन्म पत्रियाँ मिला कर देख लो कि सगाई हो सकती है या नहीं। क्या तुमने यह घड़ी घंटा घर से मिला ली है?

समोना—यह कदाचित समाना का सकर्मक रूप है।

(1) एक वस्तु का दूसरी में इस प्रकार मिलाना कि दोनों में से किसी का अलग अस्तित्व न रह जाये जैसे—घी को आटे में समोना। तुमने तो उक्त सीरियल को बड़ी फिल्म में समो दिया है।

(9) सँभलना

ये सँभालना का अकर्मक रूप है। इसके अर्थ :—

(1) गिरने, फिसलने, लुढ़कने आदि से रुकना

(2) बिगड़ी हुई स्थिति से सुधरना जैसे :—

कल तक तो रोगी की दशा गिरती ही जा रही थी पर आज कुछ सँभल गई है।

यूं ही रोते रोते जो जो टल जायेगी,
तो गर्मी हृदय की निकल जायेगी।
दशा आज जो है, न कल को रहेगी,
सँभलते सँभलते सँभल जायेगी।।

सँभलने का प्रयोग चरित्र के संबंध में भी होता है जैसे बुरी संगत में पड़ने से उसके पैर डगमगाने लगे थे परन्तु अब तो वह सँभल गया है।

(3) सावधान रहना या होना, जैसे :—

इस सड़क पर कंकड पत्थर बहुत हैं, सँभल कर चलो। तुम तो मेरे ऊपर गिरे जा रहे हो, सँभल कर बैठो। तुम्हारे ऊपर आक्रमण होने वाला है, सँभले रहना।

(10) सँभालना

सँभालना

सहेजना

इन दोनों शब्दों में जो सकर्मक क्रियाएँ हैं एक विवक्षा सामान्य है जो क्रिया करना, सावधानी से करना। अधिक प्रचलित शब्द है सँभालना। इसका मुख्य अर्थ है :—

(1) सँभालने में सहायता करना।

(2) गिरते हुए को रोकना, गिरने न देना।

(3) सहेजना—निगरानी करना, रक्षा करना।

मैं अपने घर का कुछ सामान तुम्हारे पास रक्खे जा रहा हूँ, इसे सँभाल कर रखना।

हम लाए हैं तुफान से किश्ती निकाल के।
इस देश को रखना मेरे बच्चो सँभाल के।।

सँभाल सँभाल कर लिखना—कलम रोक कर, धीरे धीरे, सावधानी से लिखना। बच्चों की सँभाल—बच्चों की निगरानी।

इतने बच्चों की सँभाल अकेली बहू से नहीं हो पायेगी।

दो मित्र बातें कर रहे थे। एक ने कहा कि "हमने वार्षिक छुट्टियाँ मनाने का निराला ढ़ंग निकाला है। हम तीन परिवार एक साथ कार्यक्रम बनाते हैं। सब मिला कर अट्ठारह बच्चे हैं। किसी पहाड़ पर बड़े बड़े कमरे ले लेते हैं। हम में से दो मर्द घर पर रह जाते हैं और शेष पहाड़ पर जाकर दो तीन हफते आनन्द से छुट्टी मनाते हैं।

मित्र : परन्तु अट्ठारह बच्चों की सँभाल करना स्वयं एक पूर्णकालीन कार्य है। उनके साथ फिर "छुट्टी" क्या रह जायेगी ?

पहला मित्र: छुट्टी उन लोगों के लिये नहीं होती जो पहाड़ पर जाते हैं। केवल उन दोनों के लिये होती है जो घर पर रह जाते हैं।

(4) बिगड़ी स्थिति को सँभालना—जैसे गोदान उपन्यास ने प्रेमचन्द की गिरती प्रतिष्ठा को सँभाल लिया।

चरित्र सँभालना—वह बुरी संगत में पड़ गया था किन्तु तुमने उसका चरित्र सँभाल लिया।

सन्तुलन बनाये रखना—मैं जानता हूँ तुम्हारे ऊपर विपत्ति का पहाड़ टूट पड़ा है किन्तु फिर भी अपने संतुलन को बिगड़ने मत देना, सँभाले रखना।

सँभाला—जब कोई दीया बुझने वाला होता है तो उसमें से एक लौ बहुत तेज निकलती है और प्रज्वलित होकर एक दम बुझ जाती है। उसे दीये का अंतिम लौ कहते हैं। इसी प्रकार जब कोई रोगी मरणासन्न होता है तब उसमें एक क्षण के लिये विशेष स्फूर्ति आ जाती है। वह भला चंगा सा दिखाई देता है। एक क्षण बाद स्फूर्ति गायब हो जाता है और रोगी दम तोड़ देता है। इस प्रकार की परिघटना को हम इस रूप में व्यक्त करते हैं कि "रोगी ने सँभाल लिया था।"

(5) किसी वार को सहन करना—शत्रु छुरी से वार कर रहा है, इसे सँभालो।

(6) कोई कर्तव्य या दायित्व का कार्य अपने ऊपर लेकर उसका निर्वाह करना जैसे– अब तो मैंने संस्था के मंत्री का कार्य सँभाल लिया है।

(11) सजाना

सँजोना

सँवारना

सजाना

उपरिलिखित तीनों सकर्मक क्रियाओं में एक विवक्षा सामान्य है :—क्रम से रखना, व्यवस्थित रूप में रखना।

इनमें सब से प्रचलित शब्द है "सजाना" जिसका अर्थ है (1) क्रम से लगाना जैसे अलमारी में पुस्तकें सजाना, बर्तनों को मेज पर सजाना, भोजन की सामग्री थाली में सजाना।

(2) अलंकृत करना, इस प्रकार रखना कि देखने में सुन्दर लगे जैसे दुल्हन को सजाना, पलंग को फूलों से सजाना, वेदी को गुब्बारों से सजाना। जो वस्तु हम क्रम से लगाते हैं उसमें आवश्यकतानुसार और वस्तुएँ जोड़ भी सकते हैं जैसे गुलदस्ते में फूल पत्तियाँ सजानी : रसोई में शीशियाँ तथा बर्तन सजाना।

साज-सज्जा—यह ऐसी वस्तुओं को कहते हैं जिनसे किसी वस्तु की शोभा बढ़ जाती है जैसे हाथी या घोड़े पर झूल।

जब किसी योद्धा को किसी युद्ध पर भेजना होता है तो उसके शरीर पर अपेक्षित हथियार यथा—स्थान लगाते हैं। तब कहते हैं कि योद्धा अस्त्र-शस्त्र से सुसज्जित होकर जा रहा है।

सँवारना— इसके अर्थ भी बहुत कुछ वैसे ही हैं जैसे सजाना के। वस्तुओं को इस प्रकार क्रम से लगाना कि विन्यास सुन्दर जान पड़े। इस शब्द के साथ कुछ विशेष प्रयोग भी चलते हैं जैसे बाल सँवारना। जब कोई नहा कर निकलता है तब सामान्यतया उसके सिर के बाल तितर बितर रहते हैं। उन्हें सुन्दर रूप देने के लिये कंधा करना पड़ता है। उक्त क्रिया को बाल काढ़ना भी कहते हैं। सँवारना में मुख्य भाव यह है कि यदि किसी वस्तु का क्रम बिगड़ा हुआ हो तो उसे क्रम से लगा देना और उसे प्रदर्शनीय बना देना।

यूं तो घर के साथ सजाना और सँवारना दोनों शब्द चलते हैं परन्तु दोनों के अर्थों में सूक्ष्म अन्तर है। मान लीजिये हमारे कमरे में एक तरफ कूड़ा पड़ा है, एक कोने में कोयला बिखरा हुआ पड़ा है झाड़ू लगी नहीं है, कुछ फलों के छिलके पड़े हुए हैं और एक ओर दो बक्से पास पास रखे हुये हैं। हम कमरे में झाड़ू लगा देते हैं। बक्सों को क्रम से तले ऊपर रख देते हैं, कूड़ा उठा कर बाहर फेंक देते हैं। कोयले

की ढ़ेरी कोने में लगा देते हैं। तो हमनें कमरे को सँवार दिया परन्तु अभी तक उसे सजाया नहीं है।

अब मान लीजिये हमने कमरे की खिड़कियों पर गुलदस्ते रख दिये और उनमें फूल लगा दिये। कमरे की मेज पर हमने मेजपोश बिछा कर उस पर नमक दानी, चीनी दानी इत्यादि कायदे से रख दी, दीवारों पर कुछ सुन्दर सुन्दर चित्र टांग दिये। अब हमने कमरे को सजा दिया। सँवारने में भाव व्यवस्थित ढ़ंग से रखने का है, सजाने में भाव सौन्दर्य और प्रदर्शनीयता का है।

सँवारने का एक अर्थ बिगड़ी हुई दशा को सुधारने का भी है जैसे "नाथ हमारे बिगड़े काम सँवारो" लड़का बिगड़ता जा रहा था, एक संत की संगति ने उसके चरित्र को सँवार दिया अर्थात सुधार दिया।

सँजोना

सँजोना का एक अर्थ है सजाकर रखना। बहुत बार हम थाल में भोजन की सामग्री किसी विशेष क्रम से इस प्रकार रखते हैं कि सुन्दर लगे। उसे थाल सँजोना कहते हैं। परन्तु इस शब्द में एक विवक्षा एकत्र करके होशियारी से रखने की भी है। हम बहुत बार गहना और अमूल्य वस्तुएँ अलमारी में रख कर ताले में बन्द कर देते हैं। इसको भी सँजोना कहते हैं।

एक मुहावरा "सपने सँजोना" भी है इसमें भाव यह है कि हम कल्पना जगत में विचरण करते हैं और तरह तरह की योजनायें बना लेते हैं चाहे वह व्यवहारिक हों या न हों। एक भजन में यह दोहा आता है :—

कभी तो मोहन आयेंगे, यह आशा बँधी हुई है।
इसी भरोसे पर हे सखियो सपने नये सँजो लो॥

12. सटाना

लगाना सटाना

इन दोनों सकर्मक क्रिया पदों में एक विवक्षा सामान्य है। किसी पदार्थ के पार्श्व या तल को किसी अन्य पदार्थ के पार्श्व या तल के पास इस प्रकार ले जाना कि दोनों आँशिक या पूर्णरूप से एक दूसरे के साथ सट जायें या मिल जायें। सटाना, संलग्न करना।

लगाना—स० (1) सम्बद्ध या अन्वित करना। सटाना, जैसे—

दीवार पर चित्र लगाना—

किताब की जिल्द पर कागज लगाना।

चित्र पर शीशा लगाना।

2. जड़ना, जोड़ना, टोंकना, ठोंकना, बैठाना, सटाना चिपकाना जैसे—
चित्र पर चौखटा लगाना—लिहाफ़ में गोट लगाना।

लिफाफे पर स्टाम्प लगाना।

मकान में बिजली या टेलीफोन लगाना।

दरवाजे में कुन्डी लगाना।

पल्ले में शीशा लगाना।

कुरते में बटन लग।ना।

नाव में पाल लगाना।

बाँस में झन्डा लगाना।

(3) किसी तल पर किसी तरल पदार्थ का लेप करना, पोतना या मलना जैसे :—
हाथों में मेंहदी लगाना।

दीवार पर रंग या सफेदी लगाना।

कपड़ों में कीचड़ लगाना।

मुँह पर गुलाल लगाना।

माथे पर तिलक लगाना।

सन्दूक पर चिन्ह लगाना '

जख्म पर दवा लगाना।

बालों में तेल लगाना।

पान पर चूना लगाना।

(4) सन्निविष्ट या समाविष्ट करना जैसे :—

कापी में पन्ने लगाना, पुस्तक में परिशिष्ट लगाना,

अधिनियम में अधिसूची लगाना।

(5) नियत स्थान पर पहूँचने पर निश्चित स्थान से सटाकर रोकना या ठहराना जैसे—

प्लैटफार्म पर रेलगाड़ी लगाना।

किनारे पर नाव या जहाज लगाना।

दरवाजे पर पालकी लगाना।

सवारियों की अदला बदली अथवा और किसी प्रयोजन से एक जहाज का दूसरे जहाज से लगाना या सटा कर खड़ा करना।

मुहावरे

(नाव) किनारे लगाना - काम पूरा कर देना।

काम ठिकाने लगाना— काम पूरा करना।

(6) उगाना, उत्पन्न करना जैसे—

बाग में फूल लगाना, जमीन में पेड़ लगाना।

(7) व्यवस्थित रूप में रखना, सजाना जैसे—

दुकान लगाना, बाजार लगाना, अलमारी में पुस्तकें या फाइल लगाना, मेला लगाना, नाव में पाल लगाना, (फैलाना) पान के बीड़े लगाना, बिछौना या जाल लगाना। बाजार लगाना, जैसे पद में भी दो विवक्षायें हैं।

(क) यहाँ हर बुध को बाजार लगता है। अर्थात हर बुध को दुकानदार नियमित रूप से अपना सौदा बेचने के लिये यहाँ इकट्ठे होते हैं।

(ख) बाजार अभी लगा नहीं हैं। अर्थात बाजार अभी व्यवस्थित रूप में आ नहीं पाया है।

(8) आधात या चोट करना जैसे

लात, घूँसा या थप्पड़ लगाना, बेंत लगाना। धक्का लगाना, टक्कर लगाना।

ठोकर लगाना—ठोकर से मारना।

(9) गले लगाना।

मुहावरे

मुँह लगाना— किसी को इतनी छूट दे देना कि वह उद्दंडता से बातें करे।

प्रयोग—तुमने नौकर को बड़ा मुँह लगा रक्खा है।

(किसी काम) में हाथ लगाना—(किसी काम को) आरम्भ करना।

प्रयोग—अब हाथ लगा दिया है तो पूरा मकान बना कर ही छोड़ना।

(10) किसी वस्तु या काम को ऐसी स्थिति में पहुँचाना कि जिस प्रयोजन के लिये उसे बनाया गया हो उसकी सिद्धि के लिये बिल्कुल तैयार हो जाये जैसे—

रेलवे में पार्सल लगाना, डाकखाने में तार लगाना, पाठयक्रम में पुस्तक लगाना।

(11) प्रज्वलित करना जैसे आग लगाना।

प्रयोग—किसी ने जंगल में आग लगा दी। सारा जंगल भस्म हो गया।

मुहावरे

यह आग उसी की लगाई हुई है नहीं तो काम इतना न बिगड़ता।

लूका लगाना—आग लगाना

(12) किसी पैनी, नुकीली या धारदार वस्तु की नोक का चुभोना जैसे—

इस आम में तो गिलहरी ने दाँत लगा दिया है।

(13) कोई कार्य पूरा करने के लिये किसी प्रकार के उपकरण या साधन का उपयोग या प्रयोग करना जैसे—

(क) कमरा बन्द करने के लिये कुन्डी या सिटकनी लगाना।

(ख) दरवाजे में किवाड़ लगाना। डिब्बे या सन्दूक में ढककन लगाना। ताले में ताली लगाना, फ्रेम में शीशा लगाना। बोतल में कार्क लगाना।

(14) लाभ, उपयोग अथवा शारीरिक शोभा बढ़ाने के लिये किसी वस्तु अथवा उपकरण का प्रयोग करना जैसे चश्मा लगाना, बिन्दी लगाना, दवा लगाना।

(15) किसी विशेष क्रिया को आरम्भ करना जैसे—सेंध लगाना, समाधि लगाना, कलम लगाना, भीड़ लगाना।

मुहावरे

हूँस लगाना, नजर लगाना।

प्रयोग—बच्चे को पड़ोसिन ने नजर लगा दी, उसने दूध पीना ही छोड़ दिया है।

(16) वस्तु का व्यय करना अथवा काल का व्यतीत करना। उपभोग में लाना, खर्च करना। बेटी के विवाह में उसने एक लाख रुपये लगा दिये। समस्त ईंटे तो तुमने दीवार में लगा दी, अब छत कैसे बनाओगे।

जरा सी कोठरी में दो गाड़ी भूँसा लगा दिया। देर लगाओगे तो काम बिगड़ जायेगा। अभी तो काम लगाया ही है सारा मकान बनने में छे महीने लग जायेंगे।

(17) (धन संपत्ति, आदि का) लाभ, आय आदि की दृष्टि से उपयोग में लाना जैसे—उसने कितना रुपया ब्याज पर लगाया। मैंने तो सारा धन व्यापार में लगा दिया।

(18) नाप, जोख अथवा अन्य गणितीय क्रियाओं के क्षेत्र में किसी क्रिया को पूरा करना जैसे—अभी जोड़े, बाकी लगा लिया या नहीं, सबेरे से हिसाब में लगे हो फिर भी अभी तक पूरा हिसाब नहीं लगा पाये ।

(19) किसी पर कोई दोषारोपण करना जैसे—

हत्या, कलंक या अभियोग लगाना । शाप लगाना । किसी का नाम लगाना । कोई धारा या नियम लगाना ।

(20) (किसी पर) कोई दातव्य निश्चित करना जैसे—लगान, कर, या महसूल लगाना । जुर्माना लगाना । किराया लगाना । ऋण पर सूद लगाना । शर्त पर रखना । युधिष्ठिर ने समस्त संपत्ति दाँव पर लगा दी थी । होड़ लगाना । दाम आँकना, कूतना या क्रय के लिये प्रस्तावित करना जैसे—

किसी वस्तु पर दाम लगाना ।

(किसी शब्द पद या वाक्य आदि का अर्थ) ठीक ठीक प्रतिपादित करना जैसे—

किसी श्लोक, दोहे अथवा सूत्र का अर्थ लगाना ।

(21) इकट्ठा करना अथवा (यथोचित भागों में) बाँटना, ढेर लगाना, हिस्से लगाना ।

मुहावरे

शान में बट्टा लगाना—प्रतिष्ठा गिरा देना

चार चाँद लगाना—प्रतिष्ठा या शोभा बढ़ाना जैसे—

बेटी भारतीय प्रशासन में आ गई । उसने तुम्हारी प्रतिष्ठा में चार चाँद लगा दिये ।

मिट्टी ठिकाने लगाना—शव को जलाना या दफनाना ।

सटाना

सटाना की मुख्य विवक्षा है कि एक वस्तु को दूसरी वस्तु के इतने समीप ले जाना कि एक दूसरे से लग जाये जैसे—मेज को दीवार से सटाना, सन्दूक को सन्दूक से सटाना ।

सटाना का एक अर्थ चिपकना भी है जैसे—

लोहे का टुकड़ा चुम्बक से सट गया है : छूटाए नहीं छूट रहा है ।

(13) सड़ना

गलना सड़ना

इन दोनों अकर्मक क्रियाओं में एक विवक्षा सामान्य है—किसी वस्तु का, ताप, परिपक्वता अथवा किसी अन्य कारण से प्रयोग के योग्य न रह जाना, अर्थात नष्ट कर देने या फेंक देने योग्य होना। यदि कोई आम बिल्कुल पक जाये और फिर भी हम उसे डाल से न तोड़े तो थोड़ें दिन में वह पिलपिला हो जायेगा, उसका ठोस भाग तरल हो जायेगा। यदि फिर भी हम उसे न तोड़ें या तोड़ कर जमीन ही पर पड़ा रहने दें तो भी और कुछ दिन बीतने पर उसके संयोजक तत्व अलग अलग हो जायेंगे और उसमें से दुर्गन्ध भी आने लगेगी। पहली स्थिति में हम कहते हैं कि "आम गल गया" परन्तु जब बदबू आने लगती है तो कहते हैं "आम सड़ गया"। यदि कागज या कपड़ा भी बहुत दिनों तक पड़े रहने दिया जाये तो एक स्थिति ऐसी आयेगी कि हाथ लगाने से ही फट जायेगा। हम कहेंगे कि कागज या कपड़ा गल गया। कुछ वर्ष पहले तक यह आम प्रथा थी कि कागज और मिट्टी की दौरियाँ बनाई जाती थी। पहले कागज को पानी में डाल दिया जाता है। कुछ दिनों बाद वह गल जाता है। तब उसमें थोड़ी सी मिट्टी मिला कर उसकी लुगदी बनाई जाती है। उससे छोटी छोटी डलियाँ बनाते हैं और धूप में सुखा देते हैं। इसमें स्त्रियाँ बीजचियाँ, गोलियाँ आदि रखती हैं। अब तो पलास्टिक के आने से इसका रिवाज खत्म हो गया है।

लोग हमें बताते हैं कि जिस तरह जंगली जानवर पहाड़ों की खोहों में अपनी माँदे बनाते हैं उसी प्रकार मगर और घड़ियाल पानी के अन्दर मिट्टी खोद कर माँद बनाते हैं। जब कभी ये किसी जानवर का शिकार करते हैं तो अधिकतर उसे तुरन्त नहीं खाते, मांद में रख देते हैं। कुछ दिन बाद जब उसके शव में से हल्की सी-सड़ांध आने लगती है, तब उसे खाते हैं।

कुष्ट के रोगी का रोग जब पुराना पड़ जाता है तब उसके अंग अंग गलने लगते हैं और शरीर से अलग होने लगते हैं। अंत में एक स्थिति ऐसी आती है जब अंग सड़ने लगते हैं। तब उनमें से बदबू आने लगती है। वह दशा देखी नहीं जाती।

एक बार एक अखबार में, जिसका नाम हमें याद नहीं है, एक घटना का उल्लेख छपा था। एक व्यक्ति मरणासन्न पड़ा था और सब डाक्टरों ने जबाब दे दिया था। इतने में एक परामनोवैज्ञानिक आया और उसने रोगी के घर वालों से कहा कि "आपके लिये तो यह व्यक्ति मृतक समान है। यदि आप अनुमति दें तो मैं अपना एक प्रयोग इस पर कर लूं।" उसको अनुमति मिल गई। उसने किसी विशेष प्रक्रिया द्वारा रोगी

की आत्मा को अपने वश में कर लिया और उसे मरने से रोक लिया। वह प्रतिदिन आता रहा और उक्त व्यक्ति का हाल चाल लेता रहा। देखने में वह व्यक्ति मर चुका था परन्तु उसकी आत्मा जाग्रत थी। तीन महीने तक शरीर ज्यों का त्यों पड़ा रहा, न गला, न सड़ा। तीन महीने बाद उसने उस व्यक्ति से कहा कि "मेरा प्रयोग समाप्त हो चुका है। अब तुम्हारी क्या इच्छा है।" उसको शरीर से यह उत्तर मिला कि "अब मुझे इस शरीर से निकल जाने दो।" परामनोवैज्ञानिक ने उस पर अपना अधिकार हटा लिया। तुरन्त शरीर गल गया और सड़ गया और उसमें सैकड़ों कीड़े रेंगते हुए दिखाई दिये। यूं समझना चाहिये कि उसकी दशा वैसी ही हो गई जैसी एक मुरदे की हो जो तीन महीने से पड़ा हो।

जब कोई मनुष्य मरता है तब सामान्यतः अपनी अपनी प्रथा के अनुसार उसके शरीर को जलाते हैं या कब्र में गाड़ देते हैं परन्तु यदि शरीर को यों ही पड़ा रहने दें तो बहुत जल्दी सड़ जायेगा। गर्म देशों में तो सामान्यतः एक या दो दिन ही में सड़ने लगता है परन्तु ठन्ढे देशों में बहुत दिनों तक ज्यों का त्यों बना रहता है। उत्तरी ध्रुव के समीप के प्रदेशों में प्रायः सदैव बर्फ जमी रहती है। वहाँ पर कई बार जानवरों के शव तो ऐसे मिलें हैं जो सैकड़ो वर्ष से यों ही पड़े हैं और न वह सड़े हैं न उनमें बदबू निकलती है। मिस्त्र देश के ममी इसके ज्वलन्त उदाहरण हैं।

यदि किसी जल मिले हुए पदार्थ में खमीर उठने लगता है तो उसे भी सड़ना कहते हैं। गाय के गोबर में, जब वह सड़ने लगता है, तब उसमें उर्वरक तत्व बढ़ जाते हैं। बहुत से लोग गोबर को किसी गड्ढे में भर देते हैं। कुछ महीनों में उसकी बढ़िया खाद बन जाती है

पद—सड़े गले आम, सड़ी गली तरकारी

सड़ी गर्मी—वर्षा ऋतु की ऐसी गर्मी जिसमें उमस बहुत होती है।

लाक्षणिक प्रयोग—बेचारा हफतों से अस्पताल में पड़ा सड़ रहा है।

कोई उसकी देख रेख और इलाज करने वाला भी नहीं है। कैदी वर्षों से जेल में पड़ा सड़ रहा है।

यहाँ हमने गलना के केवल एक ही अर्थ का विवेचन किया है।

इस क्रिया पद के शेष अर्थों के लिये देखिये हमारी पुस्तक—

शब्दचर्चा—राजकमल प्रकाशन नई दिल्ली (1986)

शब्दमाला, गलना, घुलना। "यहाँ उन अर्थों का उल्लेख करना अप्रासंगिक होगा।

(14) सड़ाना

गलाना सड़ाना

ये दोनों क्रिया पद क्रमशः गलना और सड़ना के सकर्मक रूप हैं। अतः इनके अर्थ बहुत कुछ गलना और सड़ना के अर्थों से निकल आते हैं।

गलाना—(1) किसी ठोस पदार्थ को इतना तपाना कि वह तरल हो जाये। जैसे—सोना, चाँदी गलाना, दाल गलाना, तरकारी गलाना।

(2) तरल पदार्थ में किसी विशेष क्रिया से कोई विलेय वस्तु घुलाना जैसे तेजाब में सोना गलाना। अत्यधिक श्रम या चिन्ता से शरीर को दुर्बल कर देना जैसे बेटी के विवाह की चिन्ता में उसने अपना शरीर गला दिया।

सड़ाना—(.) किसी वस्तु को सड़ने में प्रवृत्त करना। किसी पदार्थ को ऐसी स्थिति में पहूँचा देना कि उसके अवयव गलने लगे और उसमें से दुर्गंध आने लगे जैसे—तुमने तो सारे आम सड़ा दिये। अत्यधिक पानी देकर पौधे को क्यों सड़ाते हो।

(2) अत्यधिक कष्ट देकर दुर्दशा करना जैसे सरकार ने कैदी को जेल में सड़ा रक्खा है।

(15) सपरना

सपरना सरना

इन दोनों सकर्मक क्रियाओं के अर्थों में एक विवक्षा समान है: किसी काम का निर्वाह या पुरा होना।

सपरना—(1) किसी काम का समाप्त होना—निबटना

मुहावरा—सपर जाना—मर जाना, स्वर्गवासी हो जाना

(2) किसी काम का हो सकना जैसे कोई काम हाथ में लेने से पहले यह सोच लो कि तुमसे सपरेगा या नहीं।

सरना—(1) निर्वाह होना जैसे यह काम हमसे सरना कठिन है परन्तु बिना जाये भी सरेगा नहीं।

शक्ति के अनुसार काम करना, जैसे: जितना हमसे सरेगा उतना आदर सत्कार तो हम कर ही देंगे। मेरे पास तो एक छोटा सा सन्दूक है क्या इससे काम सरेगा?

(16) समेटना

समेटना | बटोरना

इन दोनों शब्दों में मुख्य भाव है इकट्ठा करना। परन्तु अर्थ छटाओं में सूक्ष्मान्तर है। दोनों में भाव यह है कि बहुत सी बिखरी हुई वस्तुओं को एकत्रित कर दिया जाये। समेटना में एक विवक्षा यह भी है कि जो वस्तुयें तितर बितर पड़ी हों, उन्हें व्यवस्थित करके इस प्रकार रखना कि देखने में भद्दा न लगे। बटोरकर रखने में यह आवश्यक नहीं है।

समेटना के कई प्रकार के और भी प्रयोग हैं, जैसे फैले हुये रोजगार को समेटना अर्थात उसे सकेंद्रित करके छोटा रूप दे देना। दुख समेटना—जैसे—उसने विधवा से शादी करके उसके सारे दुःख समेट लिये।

समेटना का एक उदाहरण और देखियें—बूढ़े राम दयाल ने सारे परिवार को समेट रखा है उसके मरते ही परिवार बिखर जायेगा।

एक दूसरा प्रयोग—माँ ने रोते हुये बच्चे को आँचल में समेट लिया।

समेटने का एक अर्थ यह भी है :—तह कर के व्यवस्थित रूप में रख देना। जैसे चादर समेटना, दरी समेटना।

बटोरना—बहुत सी बिखरी हुई वस्तुओं को सरका कर या उठाकर इकट्ठा करना। मुख्य अर्थ तो यही है, पर इसक्रिया-पद के साथ कुछ विशेष प्रयोग भी चलने लगे हैं—जैसे धन बटोरना=धन उपार्जन करना।

पाप या पुण्य बटोरना

एक उपहार-गृह में एक प्रोढ़ा स्त्री अपनी यौवना मित्र से कह रही थी कि "देखो, वह व्यक्ति जो उस कोने पर बैठा हुआ है, बराबर मुझे घूरे जा रहा है। जी में आता है, उसका मुँह नोच लूं।" यौवना बोली "मैं उसे जानती हूँ, वह एक कबाड़िया है, जहां कहीं इसे कूड़ा करकट दिखाई पड़ता है बटोरने लगता है।"

(17) सुहाना

जँचना | फबना | सुहाना | सोहना

इन चारों अकर्मक क्रियाओं में एक विवक्षा सामान्य है : सुन्दर लगना, सुशोभित होना। इन में सबसे प्रचलित शब्द है सुहाना, जिससे सुहावना विशेषण बना है। यों कुछ लोग शिथिल रूप में सुहाना का प्रयोग भी विशेषण रूप में करते हैं जैसे—तुम्हारे शहर का मौसम बड़ा सुहाना लगे। मैं शाम चुरा लू अगर बुरा न लगे।

सुहाना का एक अर्थ है पसन्द आना । जैसे तुम्हारी बातें मुझे बिल्कुल नहीं सुहातीं ।

सोहना का भी मुख्य अर्थ तो वही है, जो सुहाना का है अर्थात सुशोभित होना, रुचिकर होना, अच्छा लगना ।

एक लोकोक्ति है—"जिसका काम उसी को सोहे ।"

फबना—इस क्रिया का एक अर्थ है उपयुक्त स्थान पर रखे जाने पर किसी चीज का सुशोभित होना या सुन्दर लगना । जैसे—सफेद साड़ी पर काले फूल फबते हैं । उसकी साड़ी पर किनारीदार गोटा फब रहा है ।

फबना का एक अर्थ यह भी है :—ठीक अवसर पर किसी बात का उपयुक्त लगना, जैसे—तुम इतने बड़े प्रोफेसर हो, तुम्हारे मुँह पर अपशब्द नहीं फबते । कलाकार पर इतनी लचर बात नहीं फबती । फबना का एक प्रयोग यह भी है : किसी व्यक्ति का बढ़िया कपड़े पहनने पर सुन्दर लगना । जैसे—महारानी सीता का वेष उस लड़की पर फब रहा था । यह लाल टोपी बच्चे के सिर पर फब रही है ।

जँचना, जचना-इसका एक विशेष अर्थ है-जाँचा या परखा जाना । दूसरा अर्थ है जाँच में पूरा उतरना । जैसे—जँचा हुआ हाथ=सधा हुआ हाथ ।

इसी से मिलता जुलता एक अर्थ है-पसन्द आना । जैसे—मुझे उसकी बात जंच गई । एक विशेष प्रयोग यह भी है—देखो उस वस्तु को ठीक से जंचा कर रखना, अर्थात यह इत्मीनान करके रखो कि टिकेगी या नहीं ।

(8) **सौंपना**

सहेजना सौंपना

सौंपना स० (1) किसी के अधिकार में दे देना, किसी के जिम्मे या सुपुर्द कर देना जैसे—मैं तीर्थाटन को जा रहा हूँ अपना सारा माल मता तुम्हें सौंपे जा रहा हूँ, जब लौटर कर आऊँगा तब ले लूंगा ।

(2) पूरी तरह से, सदा के लिये दे देना जैसे—मैंने अपने बड़े पुत्र को अपनी समस्त जमीन जायदाद सौंप दी है और सन्यास ले लिया है । मेरे जीवन का कोई ठिकाना नहीं है, थोड़े ही दिन का मेहमान हूँ । अपने बच्चे तुम्हें सौंपता हूँ । सहेजना का अर्थ हम पिछली माला (4) में दे चुके हैं । सौंपना का अर्थ है कोई वस्तु किसी को साधारण रूप से दे देना । सहेजना में एकभाव यह है कि जो वस्तु हम दे रहे हैं वह मूल्यवान है । इसलिये उक्त वस्तु जता कर सावधानी के साथ दी जाती है । यदि उसके कई अंग हों तो एक एक करके गिना कर दिये जायेंगे । जैसे—चूड़ियाँ गिना कर दी जायेंगी । सोने की मटरमाला के मटर गिन कर दिये जायेंगे ।

सहेजना—(1) किसी चीज को लेते समय उसे अच्छी तरह जाँच लेना कि वह पूरी या संतोषजनक है या नहीं, जैसे—जो गहना लड़की वाले की तरफ से आया हो उसे सहेज लो : जो सामान मैं बाजार से खरीद कर लाया हूँ पहले उसे सहेज लो, पीछे कोई और काम करना।

(2) सहेज देना—कोई वस्तु किसी को दिखला कर और बता कर सौंपना जैसे "उसे समस्त वस्तुएँ एक एक करके गिना कर सहेज देना"

(19) स्वीकारना

सकारना स्वीकारना

इन दोनों सकर्मक क्रियाओं में एक विवक्षा सामान्य है मानना, मंजुर कर लेना।

सकारना का अर्थ तो विशेषित है। प्राचीन समय में आजकल के ढ़ंग के बैंक तो तो होते नहीं थे। महाजन लोग अपने अपने घरों से ही पैसे का लेन देन और ब्याज बट्टे का काम किया करते थे। आजकल तो बैंकों में सिक्कों के बदले कागजों का लेन देन चलता है। यदि नकद पैसा पास न हो तो चेकों से काम चलता है। मान लीजिये हम किसी को दस हजार रुपये देना चाहते हैं तो इतनी बड़ी रकम जेब में रखकर ले जाने में खतरा होता है अतः उसके बदले हम एक प्रकार के विशेष प्रपत्र पर लिख देते हैं कि अमुक व्यक्ति को दस हजार दे दिये जायें। इसी को चेक कहते हैं। पुराने समय में इस प्रकार के कागजों को हुन्डी कहते थे।

यदि हम कोई चेक लिखेंगे तो ऐसे बैंक के नाम पर ही लिखेंगे जिससे हमारा लेम देन चलता हो। और यदि कोई हमारा चेक उस बैंक में ले जायेगा तो बैंक उसे अपेक्षित रकम दे देगा। इसा को हुन्डी सकारना कहते हैं। कोई दूसरा बैंक हमारे चेक अथवा हुण्डी को नहीं सकारेगा।

स्वीकारना—यह शब्द सकारना से अधिक व्यापक है। यदि हम कोई अपराध करके आयें और किसी के सामने उसे कबूल कर लें तो कहा जायेगा हमने अपराध स्वीकार कर लिया। इस प्रकार चोरी स्वीकार करना, हत्या स्वीकार करना, गबन स्वीकार करना, जैसे प्रयोग चलते हैं। यदि कोई किसी मुकदमें में अपना अपराध स्वीकार कर ले तो दँड घटा दिया जाता है।

यदि हम किसी से ऋण लें और उपयुक्त समय आने पर मान लें कि हमारे ऊपर उसका ऋण है तो इसको भी स्वीकारना ही कहा जायेगा। इसी प्रकार जब साझियों में देने पावने का हिसाब होता है तो जिस पर राशि निकलती है उसके लिये कहा जाता है कि उस पर इतनी देन है। यदि वह मान लेता है तो उसको भी देन का स्वीकार करना कहते हैं।

एक व्यक्ति ने एक नये ढ़ंग का बीजगणित लिखा है जिसका नाम रक्खा है अनूठा बीज गणित। उसमें धन और ऋण चिन्हों की उत्पत्ति के विषय में एक मधुर कल्पना की है जो इस प्रकार है।

लक्ष्मी जी के दो पुत्र थे "लेन जी" और "देन जी।" लक्ष्मी जी की सम्पत्ति सारे संसार में फैली हुई थी। वह अपने दोनों पुत्रों में उसका बटवारा करना चाहती थी। उसे यह काम असंभव सा दिखाई दिया क्योंकि अरबों खरबों वस्तुएँ थी। तो उन्होंने एक तरकीब निकाली। हर एक वस्तु पर एक छोटा सा निशान डाल दिया। यह "देन जी" की सम्पत्ति की निशानी थी। फिर जो वस्तु लेन जी को देनी थी उस पर लकीर खींच कर+बना दिया। ऐसी सारी वस्तुएँ लेन जी की हुई। इस प्रकार धन और ऋण चिन्ह प्रचलित हो गये।

(20) **हड़पना**

हड़पना हथियाना

(1) हड़पना का मुख्य अर्थ मुंह में डाल कर निगलना, पेट में जल्दी जल्दी उतारना। जब हमें कहीं जाने की जल्दी होती है और खाना खा कर जाना चाहते हैं तो हम बहुत जल्दी जल्दी खाते हैं, बल्कि निगलते हैं इसी को हड़पना कहते हैं जैसे इधर उधर मत देखो, बस हड़प जाओ।

(2) अनुचित रूप से लेकर दबा बैठना, कभी वापस न देने की इच्छा से लेना, लेकर कभी न देना। जैसे—वह दो दिन के लिये मेरा फरसा लेकर गया था। महिनों बीत गये हैं। लगता है उसे हड़प गया है। वह तो अपने भाई की सारी जायदाद हड़प चुका है। मेरी पुस्तक लेते जा रहे हो, पर वापस कर देना, हड़प मत जाना।

हथियाना (1) हाथ में लेना, पकड़ना।

(2) कौशल से या धोखा दे कर या बल पूर्वक कब्जा कर लेना।

(3) चुपके से अपने कब्जे या अधिकार में कर लेना।

जैसे—अभी तो यहाँ मेरी बीस छड़ियाँ रक्खी थी अब उन्नीस रह गई हैं। मालूम देता है जो व्यक्ति यहाँ बैठा था एक छड़ी हथिया ले गया है।

अनुक्रमणिका

■